AQUARIUS

AQUARIUS

AQUARIUS

一些人物，
一些視野，
一些觀點，
與一個全新的遠景！

我想愛
你所不能愛的自己

叢非從——著

【推薦文】

當你真正愛上完整的自己，全世界的人都會看見你的獨特與美麗

◎洪培芸（臨床心理師）

這個世界上，有多少人真正明白愛自己的真義呢？很少。你意外嗎？如果不相信，請你隨著我的提問，一同來檢視自己：你有沒有時常嚷著要「成為更好的自己」？你有沒有不時飄過「要是我再瘦五公斤，就會變美變帥變好看，他就會喜歡我」的念頭？你有沒有時常積極努力，實則已經過度努力，卻不敢放慢腳步，喘口氣，深怕別人在你休息的時候，就超越過去？

這就是叢非從心理師所說的「自我悅納」，不去嫌棄「現在」的自己，正是愛自己的檢驗指標之一。唯有你不再嫌棄自己，你才不會拿著放大鏡去檢查自以為是的瑕疵，然後耗盡洪荒之力去矯正，收不到成效之外，還益發失去自信：「連這等小事我都處理不好，我真是無能，我怎麼這麼差勁！」惡性循環正是如此。

不去嫌棄自己，才會發現你以為的不完美，竟然就是讓你與眾不同、獨一無二的特質，也是別人所記住的亮點，更是讓人印象深刻的方式。為什麼？你能想像走在路上，迎面走來都是一模一樣的帥哥美女，彷彿同一個工廠生產出來的罐頭嗎？先別說你毫無記憶點，恐怕毛骨悚然才是你的第一反應。

一個不能愛自己的人，心中有著永遠填不滿的空缺，然後不斷向外尋找讓自己感受到被愛的人，還有能夠轉移注意力的事情。

感受到被愛很好，熱戀時更是歌舞昇平，太平盛世。然後，失戀了呢？烽火連天，進入亂世。失戀之所以讓人痛苦，是因為你失去了讓你賴皮的人。表面上是他傷害了你，其實是你把自我功能及未來外包給了別人。他劈腿了，確實，他很可惡。可是你要賴在原地，罵他多久呢？要繼續讓他牽制你多少時間呢？你可以一邊擦眼淚，一邊站起來，去認識更多人，去發展或進入下一段親密關係，這是你的人際關係能力，屬於你的自我功能其中一部分。更何況，你還有往後的大好人生，不是嗎？許多人在親密關係裡受了重創，卻又離不開，是因為

他沒打算認回自己的成長責任，靠自己的雙腳走出去，憑自己的雙手打拚屬於自己的未來，而是巴望著、倚賴著有人能夠為他未來的五十年買單。

許多人都把伴侶當作雪中送炭的剛需，而不是錦上添花的美麗。然而，這就意味著如果他送不了炭，你就會在大雪地中把他咒罵個半死，因為他影響了你生存下來的可能——其實這就代表了你必須仰賴他，才能存活下去。然而，如果你負起人生責任，充分發揮自我功能，好好照顧你自己，你就不會因為他的離去而無法呼吸，你就不會因為他的變心被掐緊脖子。有了親密伴侶，會讓你人生的增添美麗；沒有伴侶，你一樣活得暢快淋漓，哪來什麼活不下去！

不少來進行心理治療的個案，讓他們痛苦不堪的事，就是被人「已讀不回」，有些人是被朋友，有些人則是被伴侶。叢非從心理師告訴我們，為什麼一段健康的關係，不需要透過回覆來證明彼此在對方心中的重要性？因為你對自己有足夠的信心，對於自我價值有充分的認知，那是別人給不了，也奪不走的。如果你總是期待別人給予保證，那麼別人怎麼給都不夠，因為你的內心有洞。還有，自我價值感來自於你努力活過的一切，也就是學習、成長與累積，沒人奪得走，不會因為其他人的三言兩語，或者他人的已讀不回、不讀不回就天搖地動，進而消失殆盡。

愛你所不能愛的自己，也就是「接納『如你所是』的自己」。你能接受如你所是，也就是完整的自己嗎？即使受過傷，也毋須遮掩；即使有缺陷，也不覺抱歉。慢慢地，你會開始覺得那些不完美的部分，其實很可愛；那些你曾經覺得羞辱萬分，而想帶進墳墓的經驗，竟然是你蛻變的立基點，因為你把它化為了成長的動能，分享給有著相同經驗、仍舊卡關而需要被幫助的人。

發展出愛自己的能力，你就毋須再透過各種變形的方式，去尋求他人來滿足自己，或是當他做不到，就怨怪他糟蹋你、誤了你。你有能力，將自己的傷口修復好，你也有能力去看穿他人不是刻意傷害你，而是他此時此刻的無能為力，明白了他所處的背景，甚至也能升起對他的同理。

最後，你將把人生主導權再一次拿回到自己的手裡。而手心裡，就是你對自己的疼惜。你終於學會了去愛你所不能愛的自己，也是最完整的你自己。

目錄

目錄

目錄

目錄

第一部

我愛我——接納自己的不完美？別瞎扯了好嗎？

沒有負能量，哪來正能量

如果你充滿了正能量，那麼，你的負能量哪去了呢？

在我們的生活中，如果你發現了某個人的某個問題，你的助人情結就會氾濫，很想改變他。最常見的就是：你想把他從一個自我否定、消極、自卑的人，變成勤奮、積極、自信的人。也就是把一個負能量的人變得正能量起來。

當他配合你，你還是有點得意的。但是更多時候你會經受挫敗，當他開始說：「這些道理我都知道，但我就是做不到啊。」「我知道很多改變的方法，然而並沒有什麼用啊。」「我知道我的問題，但我就是改不了，甚至並不想改啊。」然後你只能愛莫能助地望著他：「既然你不想改，那我也沒辦法。」最後弄得他很挫敗，不僅原來的問題毫無減輕，還伴隨產生很多自責和無奈。

想變得更好，卻往往不如預期

即使在生活中，我們也經常遇到這種挫敗感。知道的道理愈多，愈發現自己的問題，愈是沮喪。在我們的課堂上就經常出現這樣的人：

· 我知道人透過努力可以改變自己的命運，所以我要積極上進、勤奮精進，不要拖拖拉拉。可是我總是消極悲觀，做不到積極努力，我就很挫敗，責怪自己為什麼這麼不爭氣，最後還是做不到。

· 我知道人應該自信、陽光、外向、充滿正能量，於是每當我開始憂鬱，我就同時開始了焦慮，滿滿的負能量。

· 我還知道人應該每天跑步鍛鍊身體，每天十一點前睡、七點前起床有利於一天的效率。於是每天早上床不願意放我走的時候，我就痛罵它。

· 我知道人不應該發脾氣、暴躁、情緒化，可是我從來不曾控制住半分。

· 我知道人要節制，要有禮貌，知道人要寬容，我知道很多，可我從來沒做到……

很多時候，當你想強迫自己改變的時候，反而變得更差了。為什麼會這樣？

當我聽到了「知道了很多道理，卻過不好這一生」這句話，我的理解是：那是你知道得還不夠多。因為你不知道為什麼會這樣，不知道如何打破僵局，不知道自己被固定思維偈限。人在感受到自己無知的時候，恰恰才是「知道了很多道理」的時候。

那麼，我們不知道的是什麼？

反壓迫是大自然和我們的規律

「哪裡有壓迫，哪裡就有反抗」，這句話還是很有道理的。自我有壓迫，自我就有反抗。意識有壓迫，潛意識就會反抗。強迫自己變得自信、外向、勤奮、好脾氣，潛意識就會以更加自卑、封閉、懶惰、壞脾氣來反抗。

反抗的意義是非常積極的，我們透過反抗來感受到自己的存在，證明自己是個獨立的存在者，以不被他人所吞噬。

實際上壓迫我們的不是自己，而是我們認同了的文化、環境和教育。

我們的意識認同了外在給我們的教育：什麼是好的，什麼是壞的，什麼是該的，什麼是不該的。我們不斷被植入暗示：一個勤奮的、陽光的、開朗的人更容易獲得成功，更容易被愛、被接受，所以我們的意識要強迫自己變成那樣。它企圖透過內化外在的標準，從外到裡對我們進行強迫改造。

可是潛意識不幹：我這樣好好的，憑什麼你要我改我就改？我這樣幾十年了，舒服著呢。我要是改了，我就成了你的傀儡，我還是我嗎？

這種暗示無處不在。比如你媽每次都跟你說，要注意安全，要注意安全，要注意安全。直到你煩到不想再聽，問題就開始出現了。你的意識已經同意了它，但你的潛意識卻開始了反抗：「我如果真的注意安全了，豈不被你們控制了？」所以，如果你願意觀察，你就會發現，不斷給自己或被他人強調要注意安全的人，安全指數是最低的。

變成一個外向、勤奮的人，被稱為正能量，社會的確更喜歡這樣的人，但那絕不是要求來的。正能量是一個結果，而不是過程。你想變成一個正能量的人，或者想改變自己，絕不是強迫自己去做些什麼，而是去問問自己：

當我做不到的時候，我的內心是有什麼卡住了嗎？我可以做怎樣的疏通，來讓自己做到呢？

比如說健康的人是討人喜歡的，但你不能因此要求自己健康、健康、健康，然後就強迫自己健康。你要做的是檢查自己，營養出了問題就調營養，生活規律出了問題就調生活規律，器官出了問題就去調器官。

想改變，是對自己的不接納和排斥

我們對於無條件的愛有著天生的需求，因此潛意識就有一個追索：如果我不好了，你們還會愛我嗎？不會是嗎？所以我不能改。我改了你們愛我很正常，但我要拿什麼來證明我是被愛的？

我知道我任性、懶惰、消極、負能量滿滿，但我內心深處真的不想改，改太累了。改是怎麼累的呢？改的意思是：**我不喜歡現在的自己，我要變成另外一個樣子。**

我不喜歡現在的自己，所以我要改。

我不喜歡現在的自己，所以我要改。

我不喜歡現在的自己，所以我要改。

當我重複至少三遍，你會有什麼感覺？你真的要這麼討厭現在的自己，以至於想要自己的這些面向從此消失，不再回來嗎？不再消極、不再懶惰、不再任性——你真的要對自己如此苛刻嗎？要這麼不愛自己，排斥自己？

強迫自己改變，是因為我不喜歡現在的自己。不想改變，則是我需要你們來喜歡這樣的我，也就是我的內心深處，有著這樣的吶喊：我渴望你們接納我所不能接納的自己。

然而你不能接納自己，如此地想改變，也並非一件好事。從心理學上說，任何特質，都是兩面的存在。人的消極和積極一樣多，勤奮和懶惰一樣多，對於一面的執著，就是對另外一面的壓抑。一個對外善良的人，容易對內苛刻。一個白天陽光的人，晚上容易憂鬱。

如果你充滿了正能量，那麼，你的負能量哪去了呢？

你不允許它出來，它就被壓抑。它被壓抑，就會不停地湧動，想盡各種辦法出來。也就是壓抑愈厲害，內耗愈大，直到你崩潰，再也壓不住，就成了：

我，知道。但，我做不到。

不是不想做，是沒有力氣做。

因為你的力氣已經全部用在排斥自己、自我壓抑了。

沒有了負能量，世界上哪還有什麼正能量。

在生活中，當你想改變別人，你就是在說：你這個樣子我是不喜歡的，除非你變得積極正向陽光開朗優秀豁達，我才能喜歡你。聽起來很像當年的媽媽，因為帶條件在愛的媽媽都是這麼要求她的孩子的。

我們為什麼排斥？因為評判

我消極、自卑、拖拉、懶惰，我不喜歡這樣的自己，是因為我做了個評判：這是不好的。我不喜歡不好的自己。

可是，這真的是不好的嗎？

消極不好嗎？人沒有了消極，會陷入躁狂、偏執，所以人需要透過適度的消極來調節自己的步伐。自卑不好嗎？人沒有了自卑，就會陷入盲目，看不見別人，難以自我反思。拖拉不好嗎？人不拖拉，就會過度消耗自己，容易燃燒殆盡。

這感覺就像是：汽車的作用就是跑得快，人的作用就是更成功。所以我們的改變方式就是，讓發動機愈來愈大，汽油愈來愈多，但不要隨便踩剎車，甚至並不需要裝剎車。剎車是個什麼東西？它會阻礙速度，增加負荷，滿滿的負能量，所以剎車是不好的。

作為旁觀者的你，知道弄個剎車踏板和油門踏板一樣重要，缺一不可。一個能全面看待問題的你，知道一輛剎車不好的車，油門愈厲害，死得愈快。

放到人生中也是一樣，這些你所謂的負能量，就是剎車踏板，不僅應該存在，而且必須要存在。

不要責怪上路總是踩剎車，那不是踏板的問題，而是你謹慎的問題，或者路本身的問題。路不平、上下坡較多，就需要你靈活、交替、重疊使用剎車和油門。

人生的路，也從來未平過，因此對於這兩者，你也需要交替使用。

你所有的特點，都是存在且有意義的，不要試著排斥它。它是你從經驗裡獲得的很寶貴的財富，就像不要嫌棄老人不能幹活、只吃飯，拖累社會，老人是我們時代裡的智囊和寶藏。

如何改變？

如何讓自己充滿正能量？發現了自己的很多問題，如何能夠改正？知道了很多道理，如何過好這一生？

很簡單：**增加，而不是改變**。

我發展我勤奮的一面，也允許我懶惰的存在。我不排斥懶惰，但我願意同時發展勤奮。當我想勤奮，我就去勤奮；當我想懶惰，我就懶惰。

不要覺得自己會一直懶惰下去，當你不再強迫自己勤奮，你就不再懶惰了。因為人的本能規律就是：充滿精力時，就是想勞動；累的時候，就是想休息。你要做的只是順應本能和規律。

消極與積極、內向與外向也是如此。我增加另一面，但不排斥自己的這一面。這兩面我同時擁有，自由切換。

我想改變，不是因為我覺得自己不好而改變，而是因為我想拓寬新的經驗。如此我就能輕裝上陣，可成功，可失敗。

那麼我的人生就是豐富的。而不是割掉一部分，拿另外的一部分替換掉它。

因為所謂的正能量，就是我允許我有負能量。
自我接納，然後自我拓寬，是這個世界上最正能量的事情。

接納自己的不完美？別瞎扯了好嗎

變來變去，最後發現還是原來的自己好，那幹麼不慶祝你是現在的你？

我收到很多回饋，覺得「叢老師這個人很真實、很接地氣」——無論回饋者是朋友、學員還是讀者。我想了想我哪真實了，於是搜集了他們這麼說的證據：

當我在群組裡和大家討論我不喜歡某個人，因為他太愛裝。他們說：「啊，你學心理學的，也有不喜歡的人啊。」我說是啊，因為我喜歡裝，所以我討厭比我還無底限在裝的人。

他們說：「啊，你學心理學的還能承認自己裝啊。」我說我不僅喜歡裝，我還庸俗得以賺很多錢為榮。他們說：「啊，你學心理學的也這麼在乎錢？」

我寫了個文，暴露了我是如何攻擊朋友的。他們說：「啊，你是學心理學的，怎麼能這麼攻擊別人呢？」

我經常在課裡講我的憂鬱史。他們說：「啊，你也會自卑啊，你也會憂鬱啊。」

有人問我：「你是個心理諮詢師，你會發火嗎？」我說：「我一般不會發火的……但是，我發起火來很不一般哦。」

好像我是個心理師，我就應該是個神似的——你們有的心理問題，我就不應該有嗎？

不是成為神，而是願意成為人

心理學的目的不是讓人成為神，而是讓想成為神的人願意成為人。

我覺得學了心理學後，我的人格沒有什麼太大改變，想憤怒的時候還是憤怒，想裝的時候還是喜歡裝，想憂鬱的時候還是會憂鬱。不同的是，態度變了。

我可以大大方方地放飛自我，不再自我攻擊，不再跟自己對抗了。反之，我還挺喜歡這樣的自己，所以我可以大膽表現。我發現生活更加輕鬆快樂，更加單純了。我的能力變了，我具有判斷情境的能力了，可以在合適的情境裡去選擇這樣或者不這樣。

這就是他們看到的真實吧。

你以為的不完美，正是你完美的體現。

存在即積極，問題即資源。所有的存在都是有積極意義的，所有的問題都是一種資源。我們這些特質恰好構成了我們的獨一無二。

比如說憤怒。我當然要對人發火，適度的憤怒是跟人連結的有效途徑。有次我又跟一個朋友吵架了，她說：「你以前說對不起的時候，我覺得很疏遠，現在你罵我，我反而覺得很開心。你說我是不是有病啊。」

我跟她討論：說「對不起」是一種客氣，潛意識是想跟你劃清界線，客氣就是一種推開。而罵你，是我對你有期待，是一種想走近。你的潛意識裡能感受到我罵你時想要跟你連結的需求。

發火是一種與人連結的方式。當我們沒有能力直接表達「我需要你」，就會用憤怒表達需求。如果你面對一個沒有能力跟你發火的人，你會發現你沒有辦法走進他。如果一個人跟我交往從來不發火，我會覺得他沒有信任過我。

比如說傷害別人。發火過度了，有時的確會傷害到別人，可是那又怎樣呢？傷害別人是不可以的嗎？傷害別人就沒有好處嗎？當我相信我們的關係不會因為一點點傷害就破裂時，你會發現關係其實是更近了的。

我用個更高級的詞表達傷害吧：敢愛敢恨。不敢恨、不敢傷害別人的人，他真的敢愛嗎？一個人如果跟你說：「你知道嗎？我從來不敢傷害你。」你會有什麼感覺呢？你會不舒服嗎？如果有，那個不舒服就是：他把你當弱者了，他沒有真誠、自由地跟你相處。

比如說憂鬱。我喜歡自己的憂鬱，憂鬱是如此讓人美麗。不，形容男人用「帥氣」會好聽點。憂鬱讓人對感受更加敏感，更能和自己在一起，更能安撫自己。如果我不憂

鬱了，我就很容易離開自己，去忙碌外在的事情，忽視了自己。此刻，憂鬱就會說：來吧，看看你自己。

比如說裝。我人生中一大快樂的源頭就是裝啊，裝讓我快樂，我為什麼不去做呢？我跟快樂有仇嗎？何況這是一個無公害的行為。當然也會有人因為我裝而受傷，但那是他想裝卻不允許自己庸俗。

比如說內向。我喜歡自己的內向啊。外向的人都在忙著交際、銷售，內向的人都在忙著思考和寫作。我如果是個交際達人，我能安安靜靜坐下來寫作嗎？比起這瘋那鬧的人，我更喜歡安靜寫作的自己。有的人內向不寫作，他可以搞研究啊，可以搞藝術啊，總之可以發揮自己特質的地方太多了。但有的人內向卻覺得內向本身沒什麼好的，那他一定是忙著想該怎麼外向，沒時間看到自己的資源。

比如說我生活自理能力差。我以前很羨慕一個同學那麼會生活，一個大男生，生活得那麼有情調，讓我羨慕了四年。直到大學畢業後又四年，他來上我的課，說：「我現在有點密集恐懼。」我就笑了，釋然了。我知道他的密集恐懼，來自於壓力大和強迫症。一個非要把生活過得精緻乾淨的人，要耗費多大心力啊。我還是把有限的精力放到無限的創作裡吧，收拾等家事交給我家清潔工就好了。

比如說我哭。有人說，啊，男生也哭啊。我倒想說：「你不覺得沒有能力哭的男人更可怕嗎？」一個壓抑了自己委屈、脆弱的男人，要麼會自閉抽離，要麼會反向作用控制和強勢。

當然，不要跟我抬槓，這裡有個「度」的問題。健康的人格是靈活的，他能透過判斷現實情境來適度發揮自己的這個特點，透過理性適度控制，而不是不顧情境地無限縱容或發洩。比如說，我不建議你在他人奄奄一息的時候還要憤怒；在自己就要絕望放棄的時候還要憂鬱；在窮困潦倒的人面前裝，在結婚喜宴上悲傷哭泣……這多少有點失去現實檢驗能力的精神分裂徵兆了。

我們所有的存在，都是一種資源，也是一種傷害。你願意關注哪面，你就會使用哪面。憤怒既有傷害，也有連結。自責既有痛苦，也有動力。內向既有創造力，也讓人失去了一定交際能力。好脾氣看起來很好，整潔看起來舒服，卻讓人每天很累；你不覺得累是因為你不知道用更多時間玩的人有多享受。

你看，我有這麼多積極的特質，這麼多好用的資源。

人本來就是完美的，為什麼要去說他不完美，然後再大發慈悲「去接納」呢？為你的不完美慶祝吧。

你的痛苦，可能都是自己習得的批判

我們受的教育讓我們學會了很多「應該」：人應該上進，應該外向，應該開朗，應該脾氣好，應該……

然後，我們認同了這些範本，也開始了對自己的切割。我們努力把自己打造成符合社會好青年標準的人，做這些所謂「對的、好的」事情。

可是我們還是做不到全部。

然後，一小部分人學了心理學、成功學、白富美學等，他們學會了更多應該：人應該接納自己的不完美，應該愛自己，應該……

於是，心理學變成了一個新的社會好青年的範本。然後，我們發現自己還是做不到，接著陷入了更深的自責和焦慮。

這些人到我的課上來，有的我會直接建議他們：別學了，學而不思則罔。學卻不思考為什麼學和學了幹什麼，那就會出問題的。

只要我們還在評判，我們就在切割自己，殺死自己，成為一個範本化的人物。但我們的本能是活出自己、是活著啊，怎麼能允許你隨便殺死自己。所以我們就難以變好。意識上透過教育而想改變，但潛意識活出自己的動力並不想改變。

評判的意思是：我們透過對外在標準的認同，定義了哪些是好的，哪些是壞的。比如說，低調謙卑、大度沒脾氣、自信快樂、外向開朗、堅強不哭是好的；裝、小氣、憤怒、自卑、憂鬱、內向、愛哭是壞的。

我們不停評判自己，也會去評判他人。我們不停地拿所謂的好的標準要求自己，也會要求他人。不斷被要求，只會讓人感覺不爽。評判也是。

有時候想想，人其實挺自虐的，這麼折磨自己。不過自虐也有好處，你從小就處在被要求改變、改變、改變的環境裡，被閹割、被虐待，長大了你也只能繼續這種不停要求自己改變、改變、改變、改變的感覺，透過自虐，找到一點存在感。這是這種自虐行為的積極意義。

慶祝你是這樣的你

我們通常會對某些行為特質，持四種態度：

1. **排斥它**：討厭它，跟它作對；想弄死它、改掉它。然後一直在戰鬥，戰鬥一休止，就感覺自己自暴自棄了。我們會不停地在心裡吶喊：我不要做一個懶惰、差勁、內向、討好的人！你改啊，改啊！改！改！！改！！！
2. **接納它**：好吧，我依然不喜歡它，但是改不了了，我決定接受我就是這個鬼樣子。雖然我不喜歡，但是我接納它是屬於我的一部分，我不急著跟它戰鬥了。「接

納」，多少有些認命的感覺。

3. **欣賞它**：當我不去排斥，我突然發現，哎，其實這個特質給我帶來了哪些哪些好處，還讓我得到了某些別人沒有的東西，我開始有點喜歡和欣賞它了。比如因為憤怒的能力，讓我變得更加真實了。

4. **慶祝它**：幸好有它，我才成了獨一無二的我，才成就了今天的我，才組成了完美的我。在心裡默默為自己慶祝：啊！幸虧我是個裝的人，讓我找到了這麼多快樂。幸虧我是個內向的人，才讓我的人生變得更深邃。

在慶祝層面裡，當你允許自己和利用自己，你會發現你能知道「度」在哪裡，是你在利用特質而不是特質在利用你，它是你良好的創造工具。

比如說憤怒，當你不再排斥自己居然會有情緒時，你暢快淋漓發完火，開始看見情境和他人，關係便開始升溫。但是，如果你一直排斥自己的憤怒，你跟他人的關係就會一直卡在那裡，一動不動。

為自己慶祝，不但不會讓自己墮落或被縱容，反而能讓自己更靈活。

當然，成為獨一無二也是有不好的一面的：你會失去一定安全感和群體認同感。成為群體裡那個獨特的人意味著什麼，你知道的。

不嫌棄現在的自己，就是成長

喜歡去別人待煩了的地方，然後把它叫旅行。

喜歡去睡別人睡膩了的人，然後把它叫偷情。

喜歡變成別人討厭的樣子，然後把它叫成長。

為什麼不去喜歡自己正生活的地方、正在睡的人、正擁有的特質呢？

你可以嘗試去更多的地方看看，能走多遠都是很好的，但不要覺得一定走多遠才正常。不要討厭自己生活的地方，於是那才有可能是一場美麗的旅行。

你可以發展出更多的人格面向，但不是一定要實現哪些特質。不嫌棄現在的自己，於是這才是一場幸福的成長。

然後走遍了千山萬水，發現月還是故鄉明。雖然這個城市有諸多不好，但是你會選擇定居在這裡，表示綜合來看，沒有比它更好的。

變來變去，發現還是現在的自己好。那幹麼不慶祝？

接納自己的不完美？

慶祝吧，接納簡直弱爆了。

慶祝自己的不完美。

如果你非要說這是不完美。

為什麼別人的否定和指責會讓你受傷？

只能被喜歡，不能被否定；只能被溫暖，不能被挑剔……
從來沒有人教過你怎麼認可自己，於是，你只能一再地索求。

被認可是人類共通的心理需求，每刻都需要被滿足。

當人不能透過自身來確認「我很好」時，就需要以他人和環境為鏡，來確認自己的存在是夠好的。這時，我們會對環境表現出這樣的需求：對他人給予認可、表揚、稱讚、誇獎、喜歡等正面回應的需求；對他人給予挑剔、否定、指責、嘲笑、不喜歡等負面回應的逃避。

然後，我們會啟動一系列的反指責、討好、否認與迴避、扭曲事實、講道理等防衛機制，來應對認可的缺失，希望扳回一局，來感受到自己是好的。

無法認可自己，才需要別人認可你

有人在婚姻裡挫敗。他覺得自己做得已經很好了，能夠自己肯定自己了，但還是受不了伴侶的苛刻、挑剔和指責，感覺在家裡有滿滿的負能量，壓抑到窒息。

有人在工作裡挫敗。他覺得自己有個變態的老闆，對他有著滑稽的挑剔，這也不行、那也不好。然後他有一百個理由，證明絕對是老闆有問題：所有人都受不了他。

有的人在人際關係裡挫敗。他覺得別人的批評、說他不好，是在扭曲事實，對自己有偏見，所以自己很受傷也很憤怒。

被否定時，他們都有一個相似的表現：對方有問題，他錯了。我要糾正他，讓他對我有個正確的評價。

根據心理學某流氓定律推得：所有把責任歸結為某一方的歸因方式，都是在耍流氓。覺得別人有問題，別人一定就是有問題的。但即便別人真有問題，也不影響你自己可能也有問題。

你的問題之一，就是強迫和控制。

不喜歡別人否定和挑剔自己的背後，有著這樣的邏輯：你只能喜歡我，不能否定我。只能溫暖我，不能挑剔我。只能按事實說話，不能扭曲或誇大。

你的潛意識會對對方釋放「你只能做Ａ，不能做Ｂ」的要求。如果他沒做到，你就會使用反指責和冷處理來懲罰他。

無論他有沒有感受到，你已經首先在你們之間設立障礙和限制，而這阻礙了你們關係的能量流通。

你的問題之二，就是霸道。只許州官放火，不許百姓點燈。

如果你受不了別人對你的否定和指責，一定是你先對自己做了很多。

假如一個人能夠承載否定的值有一百分。你先對自己做了八十分，你就只給別人留了二十分的空間，因此你只能承受二十分的來自他人的指責和否定。在這個範圍內的你不care，多了你就抓狂了。

你對自己做了一百分，就受不了別人一點點的否定和指責。如果你對自己做了一百二十分，那麼你就需要從別人那裡索取到二十分的認可，才能正常活下去。

因此，我們會觀察到這樣一些人，他認為：「你不肯定我，就是否定我；你不夠真誠及時地肯定我，就是在否定我！」我們常常稱這種人「敏感」。

也會觀察到這樣一些人：他們能承受很多別人的指責和否定，依舊能淡定自若，界線分明，不卑不亢。因為他們給了自己較少的否定，那麼他人的一些否定和指責就觸摸不到他的底線。

你無法認可自己，才需要別人認可你。

當一個人罵你神經病，如果你能透過良好的自我認知肯定自己，知道自己不是神經病，那麼你就不會對罵你的人有任何反應。但當你的潛意識開始懷疑自己，你就啟動了自己的防衛機制：你才神經病，你全家都神經病。

因此我們說，當一個人對否定、挑剔和指責起反應，無論他是在認同或者急著否定，他都是同意了。

一個人努力證明自己不是一個神經病的時候，恰恰暴露了他是神經病的事實。

因為你缺乏，所以就問別人要得多了。

為什麼無法認可自己呢？

因為，從來沒有人教過你怎麼認可自己。

我發現，在意別人認可的人，都在幼年遭受對他們來說重要的人的無情打擊和否定。

· **當他們把事情做好，得到的回應是：「不要驕傲。」↓沒有一絲絲的肯定。**

· **當他們做不好，得到的回應是：「你連這都做不好。」↓各種粗暴的否定。**

沒有人幫你內化「我本來就很好」的自我概念，反而給你內化了「我本來就很差」的自我概念。長大後就成了：

・做好了，很正常。我是不會表揚自己的。

・做不好，連好的部分都看不到了，否定和挑剔自己一千遍。

我們應該知道，媽媽不認可我，是她自己的能力問題，她沒有表揚別人的能力。但小孩卻會將其內化為：是我不夠好，你才不肯說我好。

那些從小就缺失的認可，長大了終究要問這個世界要回來。

你媽媽欠你的，你就會問所有靠近你的人要。誰靠得愈近，你問誰要得愈狠。無論是老闆、朋友，還是戀人。

你終究無法從別人那裡得到終極認可，因為別人不是你媽，江湖複雜，多有波動，你必將會受傷。

但你可以認可自己多一些，問別人要的就少一些。對自己的否定和挑剔少一些，你留給別人的空間就多一些，你受的傷也就少一些。

總有那麼些時候，感覺自己一無所有

憂鬱，是你嫌棄自己的結果。
憂鬱，就是在提醒你，你對自己的要求實在是太高了。

不是非要經歷了什麼挫折、打擊才會感覺到絕望。人經常會無端地冒出一種絕望感，無論外在擁有了多少令人羨慕和稱讚的東西，你都會在某些時刻感覺到人生的灰暗，空虛和恐慌像是螞蟻一樣，侵蝕了全身的骨頭。你會感覺到自己擁有的一切都沒什麼用，自己無論怎麼努力，都一無所有，一無所是。

你會感覺幸福都是別人家的，自己彷彿是全世界最不幸的人，是這個世界上最孤獨、最失敗、最無助、最自卑的人。接著覺得自己不僅擁有的少，而且希望渺茫。你會盯著一些不可逆轉、不可改變的因素不放，甚至恐慌時間飛逝，自己漸漸老去，人生彷彿已

陷入憂鬱，是潛意識的一種保護機制

感覺自己一無所有的時候，心裡一定同時產生如下感受：自我否定，糟糕至極。自己擁有的財富、外貌、能力、健康、關係等，一切都被視而不見，能看到的只有自己沒有或不夠的東西，所以感到自己沒有一點點的好。即使理性知道自己擁有很多，但是感受依然在說：那都不算什麼。彷彿人生就此完蛋了，不值得活著，不配活著。

這時，如果你細細品味自己的絕望，會感受到心底裡有股細流一樣的聲音：如果此刻這麼躺下，再也不起來，該有多好啊。如果就這樣自暴自棄不努力了，該有多好啊。

這種心境被稱為憂鬱狀態，濃度高的時候就會引發生理上的改變，被診斷為憂鬱症。但我不想跟你聊憂鬱症，我只想聊聊這種一無所有的空虛、絕望和恐慌感。

一個人憂鬱的時候，會：興趣淡漠，想做的事減少。這就是一種低消耗的運作狀態，避免你做更多的事把自己榨乾。

注意力回收，較少地關注外在，開始看見自己的體驗。透過憂鬱，你看到了一直被忽視的自己——這就是憂鬱的意義，透過生理反應來讓你關注自己。

人之所以會進入憂鬱，是因為對自己的要求實在是太多了，多到了超出自己的實力。我們慣常會過高地評估自己的能力，總覺得自己能做的還有很多，做不到就怪自己。我們也會慣性地認同外在的標準，認為人就應該努力、上進、負責任……我們為了實現這些標準，為了獲得社會認同感，會不斷強迫自己做不喜歡的事。

在我們成長課裡，有個同學就談到了他每天工作完回到家，就會心情很沮喪。家人都在，但還是感覺空虛憂鬱。訪談完，我發現他是個不會拖拉摸魚，非常負責任的人。負責任本身是件好事，但是當責任感超過了對自我的關愛，超出了自己的能力，責任大於了自己的感受，就會透支自己，身體就會自動進入淡漠的保護狀態。這時，人的體驗就是憂鬱。

所以憂鬱就是在提醒你，你對自己的要求實在是太高了。即使這些要求看起來很正常、不過分，但是只要達到了你能力的八成，就已經是紅線了。而人憂鬱的時候，實際上是因為對自己的要求嚴重超出了自己的能力，做太多言不由衷的事了。

如果我們做了太多自己不喜歡的，但是以生存、責任、正確、大家都做為名而去做的事，那麼我們離自己的心就會愈來愈遠，也就不能做自己，不能活出真我。這時潛意識會感覺不到自己活著，更像是社會標準下的一個傀儡和機器。

這時，就需要進入憂鬱、淡漠的狀態來提醒自己：**除了賺錢和責任，你該關注一下自己內心真正的需求和感受了**。憂鬱會強迫你淡漠外在這些你不喜歡的事，關注內心。所以才會有「要是我死了，該有多好」的想法，這其實是在另外一個極端上的高度體驗，一個我想停止透支自己的信號。

人需要這種一無所是的感覺。透過懷疑自己的現狀，來完成對現狀的破碎。只不過我們不願意去看真實的自己，更不願意去冒險，想都不敢想打破一切、重新來過。

我們內心裝著太多不可實現的夢，實現不了就只能憂鬱。憂鬱只不過是對於自己無能感和平凡現狀的一種排斥。

是的，憂鬱，只不過是我們嫌棄自己的結果。

我們嫌棄自己還不夠好，擁有的還不夠多。我們看不到人生其實還剩有太多的時間，卻總是覺得自己的人生剩得不夠長，覺得自己老了；看到比自己厲害的人就覺得自己笨；看不到自己步入了衣食無憂的生活，總是跟身邊更優秀的人比較，覺得自己好像真的還在為生存恐慌；看不到自己擁有的能力、責任、財富，總覺得不夠、不夠、還不夠。繼而絕望。

世界上對自己最不好的人，恐怕就是自己了。你嫌棄過最多的人，恐怕也是你自己。

因此，每當你感覺自己一無所是，你都應該聽聽內在那個罵自己的聲音，然後問問自己：我是不是對自己要求太高了？我是不是又開始不喜歡自己了？

我們為什麼會害怕平凡、平庸呢？

我們內心深處，都有著這樣的疑問：我是好的嗎？如果我不好了，還會有人愛我嗎？

當你嘗試表達自己總是感覺自己很差勁時，那些所謂愛你的人就會來安慰你：「沒有啊，其實你很好啊，你怎麼會這麼想呢？」他們否定了你的真實感受，他們一次次在無意間表達了：「你必須堅強，你不能脆弱」、「你不能倒下，你必須站起來奮鬥」、「沒人會永遠保護你、安慰你、照顧你、養你，你必須一直戰鬥下去」……

我們成長課裡有個女生就表達過她對未婚夫的態度：你破產了我可以養你啊。兩三年還行，但是你是個男的，我總不能一輩子養你吧。即便現實是他肯定不會一輩子不去賺錢，這樣會憋死自己，但是當他聽到這種沒有支撐的話，還是會體驗到一種絕望、恐懼和不得已的壓力感。即：我必須站著，不能倒下。

而大導演李安的六年，恰恰是在一種「你不好了也沒關係」的滋潤裡安心做了自己。你從來沒有得到過「沒關係，你可以平凡無能」的答案，以至於自己都不敢去想，於是，這種擔憂就被壓到了潛意識裡：那個平凡的、無能的、差勁的自己是不被愛的。所以我們不允許自己平凡、無能、差勁，在意識裡拚命地排斥那樣的自己。但那又是人真實的一部分，你愈是排斥，它就愈是會在你沒有防備的時候悄悄溜出來，以憂鬱和絕望的形式呈現。

對一個人最深沉的愛，不是鼓勵他，安慰他說你很好、你很棒，而是告訴他：你好了是很好，你不好了也沒關係。你失業了沒有關係，一無所有了也沒有關係，你還有我，我會一直在你身邊陪著你、護著你。

這就是無條件的接納：**我接納這個優秀的你，更接納這個無能的你。我喜歡這個做對的你，也喜歡這個什麼都不做或者做錯的你。**

在這種接納裡，人會徹底成為他自己，感受到內心深處湧出的感動。彷彿回到了子宮裡，體驗到全然的接納、融化，然後綻放。

不要擔心人會沉淪，人在安全的狀態下，本能就是活出自己，就是上進，而不是無休止地退化。一個人之所以想著自己一旦懶下來就會無休止地懶下去，是因為他從來沒有真正享受過懶惰。前提是你得發現，人都有脆弱、無能、恐懼、自卑的一面。沒有例外。

在我的訪談中，有許多家庭裡的女人不願看到男人脆弱的一面、家長不願看到孩子脆弱的一面的例子。他們把男人和孩子都投射為無比強大的存在，好像他們從來沒有煩惱和脆弱，所以總覺得「他應該……」、「他為什麼做不到……」

當一個人的脆弱、自卑、無助從來不被看見，就會連他自己都不願意看見這些。只有在憂鬱的時候，才會偷偷舔舐自己的這部分。

而我們不願意看到別人的脆弱，是因為我們自己也不願意正視自己的脆弱。

我們內心有著這樣的核心信念：脆弱是不對的，無助是不被允許的。所以我們對於兩個人關係裡的這種憂鬱感受就會避而不談。就像是很多家庭從來不說「我愛你」一樣，當他們談論無助和脆弱，就會有羞恥感。

憂鬱如果能被分享，就會溜走

你需要看到另外一個人，他會有憂鬱、會有脆弱、會有無助，而不是假裝視而不見，對他繼續要求。

每個人內心深處，都有著屬於他自己的脆弱、無助和自卑。無論男女，沒有誰能二十四小時積極、堅強。然而我們多數人都不願意接納他人或自己有這一面，發現自己不夠好，就自責焦慮，想變得更好，想要扼殺掉這個糟糕的自己。多數人從來沒有停下來看自己一眼，跟自己說一聲：親愛的，你還好嗎？我看見了，你此刻很脆弱，很無助。然後跟自己的這種無助待一會兒。

當你想理所當然地要求另外一個人為你做點事情，你也要先問問他：你還好嗎？

接納自己的絕望。

每個人都會有感覺自己一無所有的時候，絕望是人類正常的情感，也是美麗的情感。

然後聽聽它在說什麼，你可以為它做些什麼。同時去欣賞它。

因為人最脆弱無助的時候，實際上是最深刻的時候，離自己最近的時候，也是最容易建立感情的時候。

忍耐與情境：人長大是要憋得住尿的

在這個世界上，有三種東西人憋著會很難受：情緒、話語和尿。這是生而為人，需要學著在生、心理上「憋住」的能力。

情緒自制力

人在還小的時候，是憋不住尿的，所以他會隨地小便。當他在生理上漸漸長大，就習得了憋尿的能力。並且，在肛門期（一歲半至三歲）進行大小便訓練後，就有了什麼地方該小便、什麼地方不該的意識，也就是有了情境意識，並且有了自制力，可以在合適的情境裡排泄——這就是理性的發展，人有了基本的智商。

同理，人在很小的時候，也沒有控制話語和情緒的能力。想哭就哭，想鬧就鬧，想說什麼就說什麼，得不到就發脾氣，毫不顧忌情境和他人感受。隨著人心智上的成長，人也漸漸有了自制的能力，知道什麼話該什麼時候說，知道什麼情緒在什麼時候不該釋放，會顧及情境和他人的感受——這就是情緒的自制力，人有了基本的情商。

但並不是每個人都那麼幸運，並不是每個人在小時候都順利完成了大小便控制的訓練。所以，你會看到一小部分人在成年後，依然肆無忌憚地在馬路上大小便。這種人通常被視為精神病，會因露陰癖、不文明行為等緣由被關起來。實際上他們錯了嗎？他們沒錯——我自己的生殖器、我自己的需求，我自己排泄，關你們什麼事呢？這是我的自由呀。然而理智又告訴我們不能這樣，因為這樣不文明，這樣影響到了他人，馬路不是一個適合大小便的場所。

同樣，情緒和話語也是，不是所有時候都適合表達和發洩的。

這個道理聽起來很簡單，但是做起來就不是那麼回事了。比如說，在親密關係中，當你的伴侶很忙碌，你依然要衝他發脾氣、索要關注、不停地給他打電話、問他為什麼要忽視你，要透過各種鬧、各種情緒來求得他依然愛你的明證，全然不顧他的情境。不管他是很累了，還是在開會，或者今天他心情也不好，再或者他今天也在外面受了委屈，你不停地索取，結果必然會很失敗。因為你沒有照顧到情境。在不合適的情境裡表達情緒和話語，就會傷害到他。

你也許會很委屈：我不過是想說說心裡話，這錯了嗎？我不過是想他安慰我、陪陪我，這錯了嗎？這都沒錯，也不是他不能給你，只是情境選錯了，這種情況下索取就會

傷害到他。

比如在工作中，你跟某個同事或你的團隊合作，對某某有了情緒，你很想表達、很想發洩、很想解決，但是情境不合適。或者你們當下共同面臨著某個任務專案，或者你們正在客戶或上司面前，即使不是你的錯，但如果你此刻發洩了，那就是你處理不當。因為你傷害到了整體利益，也傷害了他。像是我遇到的幾個情況：有人在公司年會上和部門的人一起表演舞蹈，結果就一個人跳對了，那幾個人全錯了，結果這個人很不悅地表現了出來，直到很生硬地結束了這場舞蹈。還有，一個年輕人在工作中感到累了，就情緒化地想辭職，儘管當時公司剛信任地把一個專案交給他，並且已經啟動。在生活中也是，你常常對某個人有情緒，忍不住就想發洩，想爆發；或者，不分情境地說自己想說的話，常常情緒衝動地做事，讓人感覺做事不經大腦。

衡量要素：自我、情境、他人

情緒化問題是很值得被討論的。如果你由著自己的情緒做事，感覺很爽。你可以想做的時候做，不想做的時候就不做；舒服的時候做，不舒服的時候就放棄。說不好聽的這叫不負責任，說好聽的，這就是「心理學家」們誤導人的「跟著自己的感覺做」。我其實一開始是不太贊同的，人可以跟著自己的感覺走，但人更要有基本的理性調控。

情緒化的反應被稱為感性反應，理性思維的自我操控能力被稱為理性反應。理性和感性的衝突，是永遠存在的，這也是欲望和平衡的衝突。心理學家們教人愛自己，跟著自己的感覺走，實際上是想讓人到達超越理性和感性的階段——悟性反應。這是在考慮到情境、他人、自我後，所做出的一種綜合平衡的反應。當這種平衡成為一種習慣，人就有了悟性。而我看過很多人，卻錯誤地理解了「愛自己」、「跟著自己的感覺」，退化到了情緒化裡。

感性反應是比理性反應更原始的一種應對方式。情緒具有不穩定性，理性具有穩定性。我們活在社會上，要穩定地對待情境和他人，才能夠生存。因此當你不能超越感性和理性的階段，還達不到悟性層次時，你還是得依靠基本的理性，不要讓情緒、感受、欲望控制自己為好。

丹尼爾教授（Daniel Goleman）提出了情緒智商一詞，也就是我們常說的情商、EQ。其中很重要的一項能力就是「自我管理」，即克制自己情緒和衝動的能力。其實在中國文化裡，很早就已經有了這種意識：「克己復禮為仁」、「吾有三寶：一曰勤，二曰儉，三曰不敢為天下先」、「靜以修身，儉以養德」。其中，「儉」，就是自我克制的一種。

自我、情境、他人，這三個都是要考慮的因素。平衡才是持久之道。如果你習慣忽視情境和他人，習慣跟著自己的感覺走，那麼有一個東西可以讓你趨向平衡——忍耐。

人還是要適時地委屈一下自己。這就需要你有兩個基本能力：**能判斷當下情境是否合適、知道什麼是合適情境的能力，以及憋住直到合適情境到來的能力。**

對於第一個能力，我們可以之後再說。對於第二個能力，有個更專業的詞可以解釋這個過程：**延遲滿足**。

現在讓我來多說一點延遲滿足。**延遲滿足的要義在於「延遲」，而不是放棄滿足**。如果你能憋得住情緒，忍得住話語，等到了合適的情境裡再表達，就會獲得更令你滿意的效果，這比起在不合適的情境裡就即刻發洩出來，會讓你獲益多更多。但是我們很多人卻把延遲滿足理解成了不滿足，彷彿此刻不滿足，就再也沒機會了一樣。彷彿此刻不表達情緒、此刻不表達思念、此刻不被關注、此刻斷了連結，就永遠失去了一樣。這可能與童年早期建立的不安全依戀關係有關。

總之，人是要訓練自己的忍耐能力的。這是心理上的訓練，就像當年我們在生理上要訓練自己憋住尿一樣。

如果你問，為什麼要這麼折磨自己？想怎麼樣就怎麼樣，跟著自己的感受，尊重自己、愛自己不好嗎？我只能說，就像人要憋住尿一樣——這是人類基本的責任感、羞恥感、榮譽感、良知、道德感。如果你只想自私地活著和索取，那我也不好說什麼了。

從正常人的發育來看，我想和你分享這幾句話：

所謂幼稚，就是既憋不住尿，又憋不住話與情緒。

所謂不夠成熟，就是只能憋得住尿，卻憋不住話與情緒。

所謂成熟，就是既憋得住尿，又憋得住話與情緒。

所謂衰老，就是憋得住話與情緒，卻憋不住尿了。

你呢？你今天憋住什麼了？

為了避免有些人太習慣於忍耐，我還是想補充一句：所謂憋住，並不是把情緒或話語壓抑到身體裡，繼而傷害身體。

憋住，是有能力自我消化，在自己的體內將其轉化為成長的動力；或者等到合適的情境到來的時候再表達出來。

後者需要你自我訓練，前者就是心理學和我教授的內容了。

情緒化是一種什麼化？

小時候情緒沒有被接住過，長大就需要重新發展這部分的能力。現在，你要學習辨識自己的情緒，用語言表達，而不是以行動來表示。

情緒化

情緒化，就是不能用理性克制自己的情緒衝動，在感情強烈衝動的情況下，做出的缺乏理智的行為。

我們在面對萬千世界時，就是會有豐富多變的情緒，這只是面對世界時的自然反應。有沒有情緒產生也不是自己說了算的，它會自動產生，因此我們可以接納並允許一個人有情緒。擁有豐富的情緒不是一件壞事、錯事，反而說明這個人很有趣，他活得很真實，能夠對情境做出相應的反應。

沒有情緒反應能力的人，比有情緒反應能力的人可怕得多。

情緒化之所以具有破壞力，不是因為情緒變化多而快，而是缺乏理性支配。換句話說，造成傷害的不是情緒，而是情緒下的行為。我們每個人都會產生很多情緒，有沒有情緒並不是問題，能不能用理性支配情緒下的行為才是問題。

我們需要討論的，不是有沒有情緒，而是避免把情緒過多地付諸行動。有沒有情緒自己說了不算，但是否做出相應的行動，就是理性支配的範圍了。

比如說，你可以憤怒，憤怒是被允許的。但是你不要激情殺人，殺人是不被允許的。理性對情緒下行為的支配程度，顯露出一個人的成熟程度。

情緒大小便

我們常常把情緒稱為心理上的大小便。隨時都產生大小便，是一個人身體自動運作的結果，這沒有好壞，也基本是不受你的意識支配。

對於一個身體功能沒有發育完全，或者身體功能受損的人，他的大小便就是失禁的，比如嬰兒和相關成人患者。一個健康、成熟的人，他可以隨時隨地產生大小便，但是他不會隨時隨地排泄大小便，而是在合適的時間和合適的情境大小便。因為他會用自己的理性和意志力進行行為支配，不讓它即刻付諸行動。即使有時候他因為大量飲水或者腹瀉了而難以忍受，非常想發洩，他也會迅速找到一個合適的環境方便。他不會就地解決的。

因為你是一個成年人，其實你是有隨地大小便的自由的，當然法律和道德可能會因為你妨害了公共文明而懲罰你，但你依然有破壞公共文明的自由。而你不隨地大小便的原因很簡單：寧可委屈一下自己，不想影響別人。不然自己會有羞恥感。

人的情緒也是如此，情緒隨時都在產生。出於你是一個成年人，你基本上不想因為自己的情緒影響別人，有為「因隨地發洩所帶來的羞恥感」而忍耐的能力。即使在家裡，對家人，你也不會隨地大小便。同樣地，我們對家人，也不能隨時發洩自己的情緒——心理上的大小便。

情緒化，實際上就是心理上的隨意大小便。

成熟的過程，就是你捨不捨得為了別人憋屈一下自己。

情緒的延遲滿足能力

情緒發洩是件很有快感的事，正如你有了尿意可以立即排泄時很有快感一樣。我們把那些無法憋住自己情緒的行為，稱為缺乏延遲滿足能力。他們追求的是即刻滿足。如果你見到一個人情緒化，無法憋住情緒，無法選擇適當情境發洩，那麼你就知道他缺乏延遲滿足的能力了。

延遲滿足能力是一個人人格健康的指標。延遲滿足的意思是，**為了追求更大的目標，獲得更大的享受，或者為減少更多的損失，而能夠放棄眼前的誘惑，克制自己的欲望。**

在情緒問題上的體現就是，**克制自己發洩情緒的欲望**。

一個成功者，他首先要具備的就是延遲滿足能力。也就是耐得住寂寞、經得住挫折、受得住成功，能夠居安思危、放棄誘惑、堅定不移地朝著自己的目標努力。當孤單無助來臨時，他能夠忍住，做自己該做的事情而不是去放縱；當挫折到來時，他能忍住受傷和絕望，做自己該做的事情而不是放棄；當他成功時，他能忍得住喜悅，而不會欣喜若狂到忘記了自己是誰。

也許你會說，這樣活著多壓抑，難道不累嗎？

人如果像嬰兒或豬一樣活著，由著自己的情緒走，是很輕鬆。由著自己生殖器的衝動而想大小便就隨地解決，很歡樂。可是你要知道，這樣做在一個生態系統裡，終究是一件對自己非常不利的事。而且人之所以為人，除了享受發洩的快感外，還會享受到一種透過忍耐而得來的更加深邃的快樂。那是種更高級的追求。

所以，你只需看一個人對情緒下行為的操控能力有多強，就知道他能把事業做多大了。

延遲滿足能力可以透過訓練獲得。如果錯過了小時候最佳的延遲滿足訓練期，成年後依然可以獲得。你可以刻意訓練自己，就像是在健身房裡揮汗如雨時，你怎麼說服自己堅持一樣。教練會這麼教你：當你想放棄時，正是堅持開始的時候。

對情緒的忍耐力訓練也是如此，每當你想發洩情緒，正是堅持開始的時候。

當你想發洩，你可以刻意提醒自己：「延遲滿足訓練現在開始！」然後你就憋住不對

他人發火。絕望、想放棄的時候也是如此。

你也可以邀請一個「教練」——你的伴侶或你常對他發火的那個人，邀請他在你想發火的時候就溫柔提醒你：現在開始訓練，憋住！

你可以創造出一百種具體的方法來，篇幅有限，我就不一一列舉了。

當然，對於一些過度自控的人來說，這並不是什麼好事，他們善於並且習慣壓抑自己的情緒。這時就要鼓勵他們及時發洩，找到一個平衡點。延遲滿足能力過強，會導致失去尋找滿足的能力。

情緒容器

我們每個人的身體裡都有一個膀胱，膀胱的作用就是容納尿。一個健康的膀胱，具有良好的容尿能力，膀胱的功能發揮了人對於尿的延遲滿足，可以讓人在合適的情境裡小便。如果膀胱出問題，就容易導致尿失禁。

人的心理上也有這樣一個「膀胱」，我們稱它為情緒容器。也就是一個人的身體裡本來就有很多情緒，它被情緒容器收納著。

情緒容器對情緒的儲存能力，叫作情緒容納力。情緒容納力強的人，對情緒的克制能力就強。克制的意思就是，我能憋住我的情緒不讓它隨時發洩出來，我可以等到合適的時間，用合適的方式發洩。情緒化的人，就是情緒容納力比較低的人，不具備判斷合適時間和合適方式的能力。前面我們說的延遲滿足的訓練，實際上就是為了增加情緒容納力。

情緒容納力強的人，對別人的情緒也能容納。他能接住別人的情緒，暫時儲存在自己這裡，然後自行處理，而不會把自己的情緒倒給對方。

實際上，隨著人的自然成長，我們的情緒容納力是在增強的，愈長大，愈知道如何克制自己的情緒。有的人沒有這樣的發展，是因為它的情緒容器在自然狀態下本身就已經很滿了，別人再給他一點，他就趕緊要急著推開。

這就像是人的膀胱長了結石。有異物在膀胱壁裡占用了空間時，人對尿的容納力就會降低，就會出現頻尿、尿急、尿不盡等現象。同樣地，人的情緒容器如果自身已經裝了很多固有的情緒，就會無法容納現在發生的情緒，然後出現發洩時間長、發洩時間頻繁等現象。

這些固有情緒可能來自平時有情緒不注意處理，總是不敢發洩或不去發洩，不去尋找合適的情境發洩。這就像是一個人憋尿憋久也會沒了尿意，但是卻很傷害膀胱。

一個人如果小時候有某種情緒不被辨識，不被允許，他的這種情緒就會在潛意識裡儲存。比如說害怕的時候，如果媽媽不讓你哭，你就壓抑了害怕的情緒並把它儲存了起來。如果你生氣了，你發火，你媽媽要你「不許生氣」、「不許發火」，然後你就學乖，學會了「發脾氣是不對的」，也將憤怒壓抑了起來。

媽媽

媽媽做了這些事，會導致一個人沒有發展出情緒容納力：

一，**媽媽自己沒有容納能力**。自己的情緒無處安放，就容納不了孩子的情緒。媽媽之所以容易對孩子感到煩，就是因為自己的情緒已經飽和了，不能再承受多一點點的情緒了。這時孩子就不敢有情緒。而小時候情緒沒有被接住過的人，長大了也沒有接住別人情緒的能力。所以一個人之所以對他人的情緒敏感，是因為自己沒有接住別人情緒的經驗和能力。

二，**媽媽不辨識、不標記**。她不幫孩子辨識他的情緒，而是教育他不要有情緒。當媽媽禁止的不是行為，而是情緒，這時情緒就形成了壓抑。語言上無法辨識和表達自己的情緒，就只能透過行動來表達了。

對於情緒，高級的方式就是用語言表達，而當語言無法表達的時候，人就會動手，選擇用行動來表達。

小時候沒有被教會標識情緒，長大了就沒有辨識自己情緒的意識，會慣性地行為發洩。我們並不是要你責怪媽媽，如果要怪，至少要怪你外婆、外曾祖母、外曾曾祖母……就像小時候沒有學好外語，你不能怪你媽沒教你，畢竟她自己也不會。

你要做的是，長大後付出比小時候更艱辛的努力來學習。

你需要意識到，小時候你的情緒沒有被接住過，長大就需要重新發展這部分的能力。

發展

發展的方法至少有兩個，其一就是我們前面說的刻意訓練延遲滿足能力。學會憋屈自己，保護別人。「小不忍則亂大謀」是有道理的，為了系統整體的平衡，你需要犧牲你此刻的感受。不然你爽一下所造成的後果，會反過來對你造成更大的傷害。

其二是**情緒語言化**。如果你不想憋了，想發洩，你要使用成熟一點的方式發洩：語言化。小時候沒有人教你如何用語言表達情緒，長大了你要重新學習語言化。

情緒語言化的意思，就是**你要學習辨識並表達自己的情緒，而不是用行動的方式來表達**。

比如說，「我現在覺得很生氣」是情緒語言化，「我現在覺得很委屈、很受傷」則是更成熟的情緒語言化。你可能辨識到了自己的憤怒，卻沒有辨識出更深層的委屈和受傷。而「我想掐死你」，就是行動語言化。真去掐了，那就是行動化了。

是什麼讓我們沉浸在情緒裡難以自拔？

一件事的發生，有許多原因。
無效的內歸因，只會讓你愈來愈自責、對自己失望，而無法解決問題。

當你遇到一件跟你期待不一致的事，你可能會產生各種情緒。比如你突然發現被出軌了，你可能會失望、傷心、難過、生氣……

人需要有點確定感，就會為發生的事情尋找解釋，會去想這是誰導致的，發生了什麼事而導致了這個事件。然後你會找更多的解釋、證據、想法，來讓自己愈來愈有情緒。

這個解釋的過程，就叫作歸因。

歸因，即是解釋風格

根據常識，我們知道一件事情的發生，一定是多方面、多因素綜合導致的。而歸因理論認為，人對於一件事的解釋，有三個面向和六種因素：

・內—外方向

即內歸因和外歸因。我們把這件事情的發生歸結為自己內在原因所導致，還是他人、環境等外在原因所導致。

比如：是我的什麼特點、我做了什麼而導致他出軌，就是內歸因。他做了什麼、他是個什麼樣的人導致了他出軌，就是外歸因。

・穩定—不穩定值

即穩定歸因和不穩定歸因。我們會把一件事歸結為穩定性高、較難變化、不怎麼隨著情境變化而變化的因素，還是穩定性低、容易變化、隨著情境不同而不同的因素。

比如：是我長得難看、他是個花心的人等導致了他出軌，這是穩定歸因。我不該把他最愛的遊戲刪除、他不該被某人誘惑，這是不穩定歸因。

・可控—不可控度

即可控歸因和不可控歸因。導致這件事發生的因素，是可以透過人為控制改變的，還是較難、甚至不能透過人為控制改變的。

比如：我其實可以天天給他做飯、對他好一點，他就不會離開我了，這是可控的。他

人品有問題，這就是不可控的。

對於被出軌、被分手，我們至少有這十二個原因可以解釋。不同的解釋，會讓人有不同的情緒。

任何事情的發生，一定能在這三個面向、六種因素上找到至少各兩個原因。也就是對於一件事的解釋，能找到十二個（或更多）的不同原因，才算理性和客觀。

但上帝設計大腦時，可能走了個神，讓人容易一根筋。人一旦對某個問題產生了特定的解釋，基本上就停止了朝其他方向思考的可能性。

我們太習慣只找到一個原因來理解一件事，這時我們就會停止思考，沉浸在情緒裡。即，使用線性的、單一的歸因方式來解釋。

當你堅持認為是他人品有問題的時候，你就會愈想愈生氣；當你堅持認為是自己不夠有魅力的時候，你就會愈想愈難過。

憤怒、委屈、對他人及關係的失望

在我們的成長課裡，有個同學講過這樣一件事：閨密開車去接她，她遲到了四分鐘才下樓。閨密火大，她也火大。然後兩個人的關係迅速冷淡。

這位同學火大的理由是：不就是等了四分鐘嗎？你怎麼脾氣這麼不好，即使是我錯了，有必要為了四分鐘的遲到而大發雷霆嗎？她採用了「閨密脾氣不好」來解釋這件事，這是外在的、穩定的、不可控的歸因：

- **脾氣是他人的→屬於外歸因**
- **脾氣是穩定度較高、不隨著情境變化而變化的→屬於穩定歸因**
- **脾氣是個人難以控制的因素→屬於不可控歸因**

當她採用這樣的歸因，就停止了其他方向的思考。接著她又繼續尋找大量的證據證明自己的這個想法：這個人脾氣不好，今天吃了炸藥，不懂得尊重別人、沒有耐心、不大度、驕傲……然後她會愈想愈氣，繼而對這段關係更加失望。

線性的歸因方式，會餵養情緒。線愈長，情緒愈烈。

線性的意思就是：想出很多原因來，歸因雖然不再單一，但是卻在同一條線上，怎麼想都跳不到其他線上去，只能在這條線上愈走愈遠。

把原因統統歸給他人，是一件很爽的事。當我們堅持認為是、且「僅是」他人原因導致問題出現，我們就可以不用為此負責任了。我們可以透過幻想他人改變，來讓自己舒服點。本質上來說，這就是嬰兒的自戀：我希望全世界都改變，來圍繞著我服務。

甚至我們歸因為外在、不穩定值的原因時，比如說運氣、機會，我們的潛意識裡就開始在幻想：要是老天爺也繞著我轉該有多好。典型的例子就是：我讀書讀不進去，是光線太暗、環境太吵導致的。然而，外歸因的代價卻是：我們會變得更加憤怒、委屈、怨恨……

後來我對她做了干預：請從自身出發，找出三個以上的原因來解釋閨密發火。她說：

我遲到了四分鐘，沒有說對不起或抱歉、久等了，讓她感覺我很跩；

人家本身就是開車來接我、幫助我，我還理所當然；

我忽略了馬路上不能停車，沒意識到她等待四分鐘是充滿焦慮的……

我問她，從這個角度思考後感覺怎麼樣。她說，沒那麼生氣了，知道當時怎麼處理會讓關係更好點了。

這還是個比較聰明的同學。她使用的新的歸因法是：「我太理所當然了」、「我錯在先，卻沒有為該事道歉」、「我忽略了她的感受」。

歸因為自己所導致的，是內歸因；歸因為跟情境相關的、穩定值較低的原因，是不穩定歸因；可以透過自己簡單的改變使結果不同的，是可控的歸因。

自責、自我攻擊、對自己的失望及絕望

之所以說前面這個同學比較聰明，是因為她沒有把內歸因導向穩定的歸因裡去。比如說：「我魅力不夠、家境不夠好、長得不夠高，才導致了閨密對我不好。」

這樣的歸因，你會不會感覺怪怪的？

魅力是個內歸因，可以透過個人努力改變，卻是個穩定值高、可控的歸因。家境、相貌也是內歸因，但卻難以透過個人努力而改變，是個穩定值高、不可控的歸因。

比如我們課堂上有個工程師，當他工作做得不夠好時，經常絕望和自責。他對此的解釋是：自己腦子笨。他採用了「腦子笨」的歸因來解釋自己工作的失敗，這是一個內在的、穩定值高、可控的歸因。

一旦沉浸在線性的歸因裡，他就會找到更多的證據證明自己：以前讀書的時候就只能靠拚時間來取得好成績，這都是因為腦子笨。

從這裡我們也可以發現：內歸因很多時候只是看起來很好的自我反省。然而並不是所有的自省都是有效的，並不是把所有問題都往自己身上攬，就是好事。

無效的內歸因，會讓一個人愈來愈自責、自我攻擊、嫌棄自己、對自己失望。這對於問題的解決，沒有任何幫助。

我們讀很多書，懂得了很多道理，知道把責任歸為他人是不夠有擔當的，所以我們學會了找自己的麻煩。但我們的潛意識依然非常聰明地找到了穩定且幾乎不可控的因素：

- **我沒做好，是因為我太笨↓歸因為智力水準**
- **我失敗了，是因為我不夠努力↓歸因為努力程度**
- **我處理不好關係，是因為我自己缺少愛的能力；他不喜歡我，是因為我長得太醜、太胖；都是因為我大腦發育不良、身高不夠、家境不好、身材不好……**

這些都是基本上不可改變的因素。當我們發現是這些自身不可改變的因素所導致時，我們就是在跟潛意識說：「這是不可改變的，這就是你的命，你把事情搞成這樣是正常的，你活該，你就認命吧。」潛意識用這種方式逃避了改變的可能性。

我當時對這個工程師做了小小的干預：找出只屬於這件事的因素，你可以做些什麼讓結果更好？他說：「跟上司好好解釋。學會拒絕同事給的差事。感覺自己不能勝任的時候，就學會表達真實的自己。」

如何改變？

歸因為可控的因素，是比較成熟的策略。

如果你覺得改變自己容易，就較多地進行內歸因；如果你覺得他人容易改變，就採較多的外歸因。

如果你的希望感建立得好，你可以歸因為穩定或不穩定的因素。但如果你希望感建立得不夠好，就需要盡可能地找到只針對事件的、容易改變的、容易做到的因素來進行歸因。

我說說希望感在穩定因素中的應用。

魅力、性格、努力程度、智力水準、學歷、體型，甚至身高，這些穩定因素的可控程度，取決於個體對自己的希望感建立得有多強。

對於一個希望感建立得好的人，這些因素對他們來說就是可控因素。也就是說，他們相信自己可以透過某些行為來改變這些特點。他會這樣去處理自己的這些特點：

．我可以制定一個長期的計畫，來逐漸提升我的智力水準、努力程度、愛的能力、魅力等。

．我可以透過學習、練習、實踐等方式提升自己。

這就是一個較為成熟的、可以讓自己愈來愈好的歸因。

但是對於一些希望感建立得差的人，這些穩定因素幾乎不可控，他們不相信可以透過自己的努力來改變這些因素。

歸因的因素可控、不可控，都是由個人的感受決定的。如果個體認為歸因的因素可控而選擇了積極改變，那麼這就是一個積極處理事件的態度。如果個體認為不可控或較難改變，而選擇對自己失望或氣餒，就是一種逃避責任的方式了。

一件事發生的原因，除了有個人品質等穩定性較高的因素外，還有針對事件本身的穩定性較低的因素。多找出可控性強的因素是非常有必要的，因為可控性強意味著問題解決起來容易，會增加個人的希望感。

責任與成熟

一個成熟的人應該具有這樣的歸因方式：

- **能夠從多面向進行全面、客觀的歸因，解釋自己為什麼遇到這樣的事。**
- **能夠找到並專注在有利於解決事情的歸因方式，而不是滋養情緒的方式。**

也就是：

- 一個成熟的人在遇到問題時，願意去思考怎麼面對；而一個不成熟的人，會找到可以讓他逃避責任的原因，而不是想去解決問題。

・一個成熟的人會使用有效的歸因來解釋事件，進而獲得可改變的可能性；一個不成熟的人會使用無效的歸因來解釋事件，放過自己或推給他人。

我們都喜歡逃避。任務難度增加，會提升一個人逃避的機率。逃避責任，可以讓人感覺輕鬆，假裝自己是個嬰兒。面對事實，則是一種承擔，不怎麼輕鬆，但會有種更深層次的愉悅感和成就感。

我們也可以發現，如果想逃避責任，讓自己輕鬆點，你只要幻想自己還是個嬰兒，只要多找些他人的原因、不可改變的原因、穩定值較高的原因。比如他人人品有問題。

但是，如果你想以解決問題為導向，面對自己，做個為自己和結果負責的成年人，你就需要找到：自己的原因、穩定值較低的原因、可控性較高的原因。比如說：「這件事如果我××做，會更好。」

成為一個成熟的人，有時候很簡單。你不需要改變自己，只需要拓寬自己就好了：拓寬你的歸因風格，而不是沉浸在線性的、單一的歸因方式裡。

對於事件的解釋，不是只有你想的那一個，至少有十二個呢。

相對無效的解釋，會讓你沉浸在情緒裡停止思考。

有效的解釋，會讓你找到改變點，進而能夠對症下藥。

是內耗讓你活得特別累

差勁讓人痛苦。但最讓人痛苦的，是對自己差勁的排斥。

你有沒有這樣的經驗：經常覺得累，覺得壓力大，但其實也沒幹什麼。經常覺得活著沒意思，不知道自己到底想要什麼。有時候清楚了自己要什麼，有了努力方向，還沒怎麼幹呢，就累了。

即便打了點滴，但堅持不了多久，不一會兒點滴就耗盡了……

這是因為，你內耗了

人的精力是有限的，當你內耗過多，你外在能投入生產的自然就少了。這時候你想想外面的事，什麼都還沒幹，一想，就已經累了。

內耗的很大原因來自於你內心的要強，想要變得優秀。你追求的優秀很多，大致列舉如下：

・**想要好的成績**。雖然你想要的不是大富大貴，但是總容易對自己的外在不滿意，希望自己事情做得更好，有更優秀的成績，有好的品味、長相、學識……

・**想要好的習慣**。總是對自己的習慣不滿意，希望自己能夠堅持健身、節食、規律睡眠、做事有始有終、有執行力、有時間規劃……

・**想要很多好的人格特質**。總是對自己的性格不滿意，希望自己是個勇敢、堅強、樂觀、勤勞、充實、果斷……的人。

有時你會在看到別人時，默默羨慕，尋思著自己也想有這些。有時你會在看到自己不夠好時，感到絲絲心涼，想要努力改變自己。更多的時候，你都在跟自己默默較勁：我要變得優秀起來！

也許你沒有刻意羅列過你到底想要哪些優秀，但是這種默默較勁的感覺，我想你一定不陌生。

你想要的優秀很多。你的應對方式通常就是給自己打氣，鼓勵自己，要求自己，鞭策自己，罵自己，不停地給自己偷偷設定目標，涵蓋方方面面。結果愈打氣愈累。你馬不

停蹄地在改變改變改變，努力努力努力，即使你的身體沒有在努力，但是你的心卻沒有一刻放棄過努力。於是你就內耗了。

你想要做的愈多，目標愈是龐大，渺小感就愈是強烈，無力感也愈是強烈。

在現實生活中，你追求更好、更優秀，想擁有某項好的特質，是沒有問題的。但是，如果你「一定」要追求，就有問題了。

首先，這對自己的傷害是巨大的。

儘管你在努力追求優秀，但不可否認的是，糟糕也一定會發生。因為沒人可以做到事事優秀、時時優秀。即使不一定發生了糟糕的事，但只要你的標準和參照物有問題，你就很容易體驗到糟糕。

當你體驗到糟糕，會怎麼對待自己呢？即每當你體驗到差勁、懶惰、懦弱、拖延、虛度時間、做錯事、早睡失敗等，你會怎麼對待自己呢？

通常，你會告訴自己這是不好的，不對的。於是你開始討厭自己，嫌棄自己，罵自己，恨不得扔掉自己，殺死自己。這時你就沒有活在自己裡了，而是活在幻想裡：要是我能夠實現另外一個理想的自己，該有多好啊。

「一定要優秀」的心愈強，愈會排斥體驗到不優秀的自己

拚命排斥，卻擺脫不了，體內就有兩股真氣在抵抗。一個在說，我就是發生了；一個

說，不許發生啊——世界上最艱難的戰鬥莫過如此。

這就是內耗。內耗讓你精疲力竭，讓你的生活愈來愈不快樂。

人最大的內耗就是對自己的排斥。差勁讓人痛苦，比起差勁更讓人痛苦的，是對自己差勁的排斥。

由於你的某些心理問題，其實你體驗到糟糕的機率和時間都是非常大或者多的，遠遠多於對優秀的體驗。所以多數時候，你的潛意識裡都因在進行自我排斥而內耗著。

第二個代價就是內耗對他人傷害也很大。你愈是內耗，心情愈容易糟糕，情緒容量愈低，對別人的寬容度就愈低，對別人的要求會愈高。這時你也看不到別人的承受能力，只知道一味地去要求。但別人不是你啊，不像你這麼能強迫自己，於是慢慢就不想跟你在一起了。就這樣，你傷害了你們的關係，失去了他。

有人說，那難道就不追求了嗎？難道追求優秀、負責任、充實、勤勞、堅強這些都是錯的嗎？

不是的。追求優秀成績、好的習慣和好的品質是很好的。讓人痛苦的不是追求本身，而是對追求的執著。如果你的追求超出了能力，不符合情境，你的挫敗是必然的。

當你沒有體驗到優秀，你怎麼對自己就很重要了。你能允許自己有時候就是不好嗎？你能允許自己有時會做錯、表現差嗎？你能允許自己有時候不完美嗎？

你如果說，能啊，那，這次能允許嗎？

健康的狀態是：優秀的時候享受，糟糕的時候接受；有精力的時候努力，沒精力的時候休息。

接受「A和-A交替存在才是常態」。更多時候，它是不受你控制的，不經意間，-A就發生了。如果它一定會發生，為什麼不是這次呢？

想變好是可以的，可是不好了也別為難自己。好了更好，不好也沒關係、也是可以的。你願意優秀很好，但是你別討厭差勁啊。

當你允許這種事發生的時候，你就不再排斥自己，不再跟自己較勁了。內耗降低，對外的精力就最大化了，反而你會愈做愈好。

舉個例子。明明該念書了，卻控制不了自己打電動，那就接納自己的自制力就是有限的。既然都玩了，安心玩一會兒就好，不必自責。自責時念書效率更低。

明明該閉嘴減肥，卻還是吃上了。吃了你就安心吃吧，下次再注意。自控力固然是好品質，但是沒有人能一直都自控成功。自責了，就沒有精力留給自控力，也更沒有力氣和信心減肥了。所以別要求自己時時、事事都能強迫自己。

人生如此多艱，糟糕在所難免。糟糕後，還嫌棄自己，就是內耗；糟糕後，原諒並安慰自己，就是積攢能量了。

如果你可以接納自己，不再排斥自己，那恭喜你，你終於可以正視自己一下了。你開始活在自己裡，跟自己待著了，內耗也就拿掉了。

你依然可以追求優秀，只是體驗到不優秀的時候，別再排斥自己。你可以和你的糟糕在一起，然後努力，而不是先花時間去排斥它。不再大量內耗，你的優秀反而容易自然發生。

輕而易舉的優秀，是輕鬆快樂的優秀。只是文化和童年都給了你一種艱難的印象——要優秀，就要苦大仇深，於是你不相信優秀也可以輕鬆快樂。

當你願意活在自己裡，跟自己待著的時候，真正的自我反思才可能開始，成長也才會開始。

世上沒有性格這玩意，只有壓力下的應對模式

性格只是幼年時與父母相處的過程中，所習得的壓力應對方式。你要相信：可以習得，就能更改。

性格是個有必要存在的詞嗎？

我聽到很多人在責怪自己性格不好，懦弱、內向、不自信、暴躁、悲觀等，也聽到很多人在情感中責怪他人的性格不好而選擇離開。然後我們有了很多的性格測試，來檢查你是個什麼性格的人，彷彿知道了自己的性格，就掌握了什麼金鑰一樣。

性格這個東西，在我們眼裡彷彿是不可改變的，所以當我們知道自己和他人的性格不好時，會顯得有些沮喪和絕望，以至於想不到要去改變它。何況很多言論也在給予我們

性格不可改變的暗示：江山易改，稟性難移。

然而，我對這些觀點倒不是很同意。在這個連性別都能改的年代，性格有什麼不好改的？

我有幾個現實性的觀察來支持這個想法：

．**性格不是天性，是後天習得的**。既然是後天習得的，就有更改的可能性。不然你告訴我，嬰兒的性格是什麼，是暴躁還是不自信？是勇敢還是謹慎？

．**每個人在不同的情境下有不同的性格，也會在面對不同人的時候有不同的性格**。你會在工作裡勇敢，卻會在感情上懦弱；你會在面對陌生人的時候侃侃而談、外向得不得了，卻在面對心儀女孩時，內向到半天擠不出一句話來；你對待戀人的時候會暴躁，對待孩子的時候會強勢，對待朋友的時候卻寬容。

．**我們每個人都具備所有的性格**。你有樂觀，也有悲觀；你有外向，也有內向；你有善良，也有邪惡；你有豁達，也有計較。處事灑脫，疑神疑鬼，患得患失，異想天開，多愁善感，見利忘義，瞻前顧後，循規蹈矩，熱心助人，快言快語，少言寡語，愛管閒事，追求刺激，豪放不羈……哪個你沒有過呢？

從這三點來推斷，我們有理由重新做個反思：性格的本質是什麼？性格是穩定的嗎？性格和人的關係是什麼？性格好改嗎？怎麼改？

甚至，性格這個詞真的有必要存在嗎？

起碼，把性格這麼個交叉混亂、穩定值較低的心理現象作為一個恆定的標籤，並不恰當。

我們喜歡把自己定義為「我是一個××樣的人」，當人不斷給自己植入這種暗示的時候，就會陷入僵化固著，限制個人的發展。當然，潛意識讓你這麼做也是有它的道理的，當你不斷如此給自己貼標籤，你彷彿就找到了自己的位置，彷彿就能夠隱身於某種更大的不可抗拒的力量，找到了歸屬感和不改變的理由。

性格的本質

以我們常用的這幾個詞為例：懦弱、內向、暴躁、樂觀等。

這其實是我們在壓力狀態下慣性的反應模式。我們受傷的經驗多了，做起事來就會謹慎、小心、畏畏縮縮，看起來是懦弱的。如果說一個人懦弱，可能他在某個領域裡感知到的挫敗比較多，對結果的危險度評估高於常態值，所以他要根據自己的評估來做出反應。只是你沒經歷過他的傷，所以以你的標準來看，他是懦弱的。如果你的自評是懦弱，我猜你是在跟常態值做了比較，而不是結合自己的經驗在比較。在沒有受傷的領域裡，他可能比誰都勇敢。他只是受過傷，於是被我們的文化貼了個標籤，叫懦弱。

內向也是如此，對於人際交往的危險度和困難值評估偏離了常態值，就被貼此標籤。

脾氣暴躁的人，會對誰都如此嗎？顯然不是，總有一兩個能讓他安全到耐心說話的人。暴躁的人是因為在溝通中被忽視過多，在他的經驗裡，正常交流是無法引起別人的重視的，所以他會慣性地啟用高濃度的溝通方式來引起對方的注意。你在一個洞裡掉幾次，也會走路習慣性地繞開那個洞走，即使後來那個洞沒了。

強勢也是如此，如果我不把自己假裝成強大到不可被傷害，你們就會來傷害我。因為我不相信有人會保護我，在經驗裡，那些該保護我的人，尤其是早年的父母，都沒有盡到保護我的義務，沒有人保護過我，沒有人真正愛過我，所以我只能把自己搞到看起來很強大，來保護自己免受傷害。就像發炎一樣，看起來腫得很大，其實只是因為積液過多。

樂觀則是經驗裡對希望、成功的達成度比較高，心想事成的次數比較多，正向的強化比較多。再進一步正向強化，就容易形成盲目樂觀。比如說史玉柱（編註：曾登上富比士中國富豪榜），年輕的時候做啥成啥，所以就盲目樂觀，敢不用銀行貸款就蓋巨人大廈，結果，就從首富淪落成首負了。

性格只是一種生存之道。

我們在某個領域裡經受了某種同樣的刺激強化後，就摸索出一條生存之道，讓我們能

更好地活下來。我們活下來後，情境和周圍的人都會發生變化，但我們的潛意識會保留當時的應對模式，到了新情境裡，就成了應對不良的慣性模式，就被稱為不好的性格。

這些經驗愈是來自早期，愈容易固化。你在童年、尤其是幼年時期，跟父母的相處關係中，摸索出應對他們給的壓力的方式，也就是我們長大後習得的應對方式，我們稱之為性格。比如說從小就被父母要求這樣那樣的人，就會嘗試反抗，反抗經驗成功的人就被認為創造力強或強勢，反抗經驗失敗而躲起來不動的，則就容易被認為是懦弱或謹慎。

如何改變？

性格是一種壓力下慣有的應對模式，既然能習得，就可更改。

改變的方式很簡單，只要修通他的經驗就可以了。進行積極正向的經驗訓練，人的潛意識就會開始適應當下的環境，發展新的應對模式。

比如，如何讓關係中暴躁的人不暴躁？他不相信正常說話是可以被注意到的，不相信自己小聲說話是可以被聽到的。那就讓他相信呀，每當他開始表達，你就給予積極、認真的傾聽和回應。如果你覺得這很難，就在他暴躁後告訴他，我看到你了，你對我來說很重要，我也知道你此刻很需要我。這樣表達看見的話語，會讓他軟下來。相反地，如果給他負面的強化，批評他之類的，只會告訴他：你的表達方式不僅我聽不到，而且我還要消滅掉你這種表達方式，至於什麼方式有效，你自己重新去摸索吧。這對他來說無疑是殘忍的。

讓自己脾氣不再暴躁也很簡單，就是聽見自己，看見自己。總會有人忽視你，**當別人忽視你的時候，你願意聽到自己的聲音嗎？你願意看到那個害怕被忽視的自己嗎？你願意在別人忽視的時候，照顧一下自己嗎？**

你長大了，你有能力照顧自己了，當你嘗試去安撫那個害怕被忽視的小孩，你對於被別人看見的需求就會降低，暴躁值也會降低。

改變消極、悲觀也是如此，就是調整對現實可實現性的評估。重新感知並強化美好，不斷地發現：世界不僅有困難，還有簡單和美好。之前經歷太多失敗的人是不容易看到美好的，但是你可以重新幫助他發現美好的一面。

當這個城市天天下雨，你就會養成自動帶傘的習慣，這是你對自己的保護。當你換了個城市，或當城市的氣候發生變化，你依然會慣性地撐傘保護自己。然後就會有人責怪你有毛病，性格不好。也許你也同意，但你就是不太敢出門不帶傘。但是當有人願意給你一點陽光，你就會放下自己的傘抬頭看看天，斟酌是否有必要一直撐下去。

當沒有人給你這束陽光，我也邀請你睜開眼看看當下這個真實的世界，它已經不是以前你經歷的那樣。你長大了，一切都不一樣了，和你想的不一樣了。你已經不再是那個

弱不禁雨的自己，那麼，你是否能嘗試著放下一點點保護，來適應新的情境呢？

人之所以外在成功，歸根結柢就是性格的成功。而性格的成功，就是人是否具有在壓力狀態下靈活應對的心理能力。

無須再給自己植入性格不好、不可改變、我完蛋了之類的暗示，只要睜開眼，或者給一束光，然後看看這個真實的世界，就是另一片天。

■

「一定要優秀」的心愈強，愈會排斥體驗到不優秀的自己。

拚命排斥，卻擺脫不了，體內就有兩股真氣在抵抗。一個在說，

我就是發生了；一個說，不許發生啊——

世界上最艱難的戰鬥莫過如此。

這就是內耗。它讓你精疲力竭，讓你的生活愈來愈不快樂。

人生如此多艱，糟糕在所難免。

糟糕後，還嫌棄自己，就是內耗。

糟糕後，原諒並安慰自己，就是積攢能量了。

他拒絕或否定你，可能是因為他眼瞎

被否定時，為什麼你看不到其他原因，而只看到「我不好」這一種可能呢？

在生活中總是會遇到很多玻璃心的人，他們脆成了這樣：

你不太敢拒絕他的要求，所以有時候你需要委屈自己滿足他。因為你拒絕他，他就會覺得自己不夠好，會很傷心，很難過，很崩潰。

你不太敢表達自己的意見，因為怕他受不了，怕傷害到他。所以你的主見、看法都會憋著，沒有辦法跟他交流。因為你知道如果你指出他哪件事做得不好，或者你直率地向他表達自己的意見，他就會覺得自己整個人都不夠好了。

「都是我不好」的想法，其實是種自戀

借東西被拒絕，表白被拒絕，做了件事被指出來有不夠好的地方，作品被網友們罵了，某個東西被同事嘲笑或被朋友嫌棄了。這樣的事情，在我們每個人的生活裡都無數次發生著。

當你表達需求，總會有人拒絕你。當你做了一件事，總會有人否定你。沒有人可以完全肯定你、接受你、滿足你，因為你不是這個世界的中心。

這是一個很常見的現象，然而總有人理解不了。在面對拒絕、否定、批評、被人指出問題的時候，他們想的不是反思或改進，而是動不動就覺得自己不夠好，覺得很受打擊，覺得自己不被愛了，覺得自己一無是處，什麼都做不好……

總是覺得自己不夠好，這首先是一種自戀。

什麼事動不動就要跟自己扯扯關係。這感覺彷彿像是地球爆炸了，美國地震了，小貓懷孕了，都是因為自己不好導致的。

我曾經和他們探討，為什麼這麼害怕被拒絕和否定？我發現他們把一個小小的拒絕或否定，在自己的世界裡進行了無限放大。

他們期待：別人從來都不拒絕或否定我，所有人都可以接受我。一旦我表達期待，我就要被滿足，不然我會很受傷。

他們從來不關心別人為什麼拒絕或否定他們，不去核對、不去詢問、不去調查、不去面對現實，只是陶醉在自己的世界裡幻想並堅定著「都是我不好」這一個原因，然後自怨自艾。

他們在自己的世界裡，根據自己的經驗建構著「都是因為我不夠好」的邏輯，然後把這個想法強加給別人，認為別人也是這麼想的。然後他會對拒絕和否定他的人產生一種很深的潛在敵意、失望和怨恨，想默默離開他。

他們看起來自卑、焦慮、畏縮、膽怯，實際上這是一種偽裝，他們有強烈的對別人的控制欲，期待別人可以無條件按照自己所需來滿足自己。

這是嬰兒般的自戀。

別人否定你，是因為……

你做了一件事，別人否定了你，除了可能是因為你做得確實不夠好以外，還可能是因為他眼瞎，他智商低情商低，什麼商都低。

我們遇過太多這樣的人：喜歡盯著別人缺點而看不到優點，嘴裡只有批評而較少有表揚。他們對人、事、物的標準極高，一般的東西都入不了他們法眼，所以他們評價某部電影、某個作品，首先能看到這個作品哪裡不足。他們能迅速發現缺點並指出。

總有些人這樣，尖酸，刻薄，高標準。如果你遇到了這樣的人，你很容易就被否定。

也有的人天生不具備同理心，無法共情到別人那脆弱的玻璃心。他們心直口快、口無遮攔、界線分明。對自己有利的、符合自己口味的他們就接受，反之他們就拒絕和咒罵。他們只是很有界線而已，跟你好不好沒有關係。難道你不能滿足他們的胃口，就是因為你不夠好？

還有的人會用否定、批評、指責、拒絕來表達愛，他們希望你更好，但是他們沒有直接表達的能力，他們不得不用相反的方式來表達。比如你從小到大聽到過的「這次怎麼回事，怎麼又沒考好！」實際上只是希望你下次考得更好。

有時候則是因為你太好，而他人的潛意識裡看不得你比他更好，所以要趁機打壓你。有些吃不到葡萄的人就是喜歡說葡萄酸。

有的人否定或拒絕你，只是因為他今天被上司罵了、被狗咬了、沒睡好覺、被老婆罰跪榴槤了等等。他也很可憐，而你恰好撞到槍口上了。

總之，**別人拒絕你或者否定你，這和你本身好不好沒有多大的關係**。這是兩件事，有時候有關聯，有時候沒有。即：

他拒絕或否定你，有時候是因為你不好。

他拒絕或否定你，有時候是因為他不好。

他拒絕或否定你，有時候是因為你太好。

他拒絕或否定你，有時候是因為天氣不好。

他拒絕或否定你，有時候無關於誰好不好。

為什麼你會不願意看到其他可能，只看到「我不好」這一種可能呢？

你想要的肯定，可以自己給自己

我發現害怕被別人拒絕和否定的人，都是自己也不接受自己的。他們先否定了自己，才害怕被別人否定。連他們自己都嫌棄自己，才怕被別人拒絕。

自己對自己的否定和嫌棄已經夠多了，無法再承受多一點點了，所以別人的否定和拒絕會讓他們那麼難受——因為那是壓死駱駝的最後一根稻草。一點點的否定和拒絕，對他們來說，不是一件事，而是一條命。所以他們才會對否定與拒絕反應過度激烈。

那你說，是駱駝殺死了自己呢，還是稻草？

他們內心深處，先有了「我不夠好」、「我不值得」的想法，然後開始了處處求驗證。凡是那些長得像的或有點痕跡的，都被他們看出來「我不夠好」。別人只是給了一個引子，驗證了他們內心對自己的評價。

別人的語言，只是啟動了他們已有的部分。是他們自己先否定了自己。

當我去呈現他們的原生家庭，我也發現，他們那被否定的童年裡有太多的創傷。在長大的過程中，常常受到批評、指責、拒絕、否定。即使他們做好了，也會被權威們找到

不好的地方，然後被指出來加以否定。權威們即使找不到可以否定的地方，也不會去表揚和肯定他。

當一個小孩在一萬件事情上都持續受到負面評價而幾乎沒有正面評價時，很自然就上升到了「我這個人不好」的層面上。這個概括總結，簡單而有力。

這樣的環境下長大的孩子，就會對否定和拒絕極其敏感。因為已經承受了太多，不能再多了。

這種「我不夠好」、「我不值得」的感覺就被深深地烙印在潛意識裡，然後作為一個理由，反覆地去解釋「我為什麼會被否定和拒絕」。這感覺太熟悉了，太踏實了，太親切了，太有安全感了。

但你還是長大了，你不再是那個被隨意貼上「都是因為你不夠好」的標籤的小孩了。所有人都和你一樣，有著自己的無奈和創傷，有著自己的殘缺和弱點，他們或者滿足你，或者不滿足你，有時候是因為自己的創傷無法填補而丟給了你，而這跟你好不好沒有多大關係。

而你內心被否定的傷，他無法給你填補。你只能靠自己。你想要的肯定，可以自己給自己。

你否定我，是你的事。只要我不否定自己，沒有人可以否定得了我。在這個漸漸認識客觀現實的過程中，你就慢慢學會了自信。

自信，就是我選擇表達自己，並允許自己被否定，這不代表我不好。開朗，就是我主動發出邀請，並允許我被拒絕，這不代表我不好。

當然，這並非盲目地自信樂觀，自我陶醉、自我欺騙，而是睜開眼，去看看到底發生了什麼，然後決定我可以做些什麼讓事情更好，而非一味沉浸在「我不好」的想法裡。

你沒有被隨時看見，但你值得被看見

你長大了，你不需要一種幸福叫「秒回」。

有時候，我覺得我沒有朋友，沒有人真正在意我。

當我獨處，我會覺得孤單，甚至會覺得自己在這個世界上很多餘。

每個人都那麼充實快樂地活著，而我卻覺得自己似乎快被世界遺忘了，不會被人記得。電話沒有響起，通訊軟體沒有新訊息，關機三天，再開機會發現——根本沒有人找你。

這是一種多麼痛徹心腑的失落感。

被全世界冷落的「失落感」

沒有人主動找我，我會很失落；別人不夠主動，我會很失落；別人不夠重視我，我會很失落。

這種失落感在說：你並不被人們在意，你對於這個世界來說，並不重要。

當我去參加一場活動，或者去上某個課程，或者參加一次聚會，又或者到一間新公司，我常常難以開口，不知道怎麼跟身邊的人開啟話題。有時我會告訴自己，該認識一下身邊的這個陌生人，該多個朋友，該主動與人發生連結，但是我不知道說什麼，常常不知所措。

所以我會獨來獨往。人們互相認識，我和我自己認識。即使是旅遊、坐火車的時候也是如此，我基本上不會主動去和外人說話，自己做自己的。他們可以玩得不亦樂乎，但這肯定不會包括我。我總感覺自己格格不入，融入不了他們的歡樂。所以我寧願躲在角落裡默默待著，告訴自己「其實是我不願意加入」，以獲得一點主動感。

以前我會把這種行為定義為我太內向，但後來我發現，其實雖然我嘴上不說，內心還是有渴望的，渴望別人主動跟我說話。有人主動跟我說話，我會感到莫大的安慰。

我也怕那種要我主動找個夥伴做練習，或者去擁抱每一個你喜歡的人的活動。我肯定會站在那裡不動，等著被人選上或者剩下，我很難主動去找別人。我甚至會故意躲起來，並且給自己找個理由——是我不願意玩，不願意參加——好讓自己感覺舒服點，而不是覺得被別人忽視。

有時候我覺得，我根本就不知道該怎麼交朋友，所以我幾乎沒有朋友，所以常常不被人想起。

另一面，我又拚命地透過各種炫耀、賣弄，在party中喧譁來刷存在感，透過在通訊錄裡搞出幾千個人，來營造自己被關注的假象。

被關注，被看到，被需要，被喜歡，真的是一件非常美妙的事情。

總之，我希望可以這樣：當我到一個環境裡，我希望別人主動找我說話；當我一個人待著，我希望別人可以想起我並聯繫我；當我跟某人說話，我希望他可以及時回覆我；當我打電話，我希望對方可以即刻接到。

然而我總是失敗，因為我總是被遺忘。在群體中，我總不是他們的中心點。我只能在角落裡安靜地做個美男子。

這種「被看見」的需求何來？

後來我們做過很多練習，很多人對著一個人說「我看到你了」，被這麼說的人會淚如雨下。我感動於人性的脆弱，原來我們內心中都有著這麼多被人看到的需求。原來我們這麼需要在別人面前證明自己的存在。

我們為什麼這麼需要被別人看到，才會覺得自己是存在的？我們為什麼要在存在上都這麼依賴別人？我們為什麼需要他人的關注，才會感覺到好一點？

實際上，我們真的沒有得到過嗎？顯然不是。當我有困難，只要發出呼喊，總會有人來支援。需要聊天的時候，只要點開聊天視窗，總有人陪伴。在群體中，我主動去和別人說話時，總是不會被拒絕，並能得到熱情的回應。那麼，為什麼我們會需要別人「主動」看到我們？甚至要透過各種炫耀賣弄來刷存在感，證明自己是值得被看到的呢？

鮑比（John Bowlby）的依戀理論講過依戀的形成過程，我覺得可以很好地解釋這個過程：小孩在嬰幼兒時期，對母親是極度依戀的，因為他們需要被母親看到，才覺得安全；也只有看到母親，才覺得踏實。所以小孩子在最初期，他可以自己玩，但是媽媽一定要在身邊。一旦媽媽超出視線，他們就會又哭又鬧，無法繼續玩。這就是我們最初的存在感。再後來，小孩子長大些了，他相信媽媽一直在身邊。有時他一玩起來，就會不想讓媽媽看到，會推開媽媽，但是他內心裡相信媽媽會一直在身邊。也就是他建立了一個信念：我想自己玩的時候就自己玩，當我需要媽媽的時候，我只要一喊媽媽就會過來。所以小孩子有時會不斷地喊「媽媽」來刷存在感，以向自己證明媽媽是存在的。於是安全型的依戀就建立起來了。

習得安全型依戀的小孩會有這樣的特徵：不需要媽媽的實體在場，只要他在心裡相信媽媽一直在，就可以很安心地自己玩。他相信自己一旦遇到危險，媽媽一定會出現來保護自己；相信自己一有需要，媽媽就會出現。他也可以看著媽媽去做自己的事，甚至離開一段時間，因為他相信媽媽始終會回來。

但是，我們很多人都沒有這麼幸運。感受到危險情境時、需要媽媽時，媽媽常常都不在。甚至有很多媽媽，因為工作要出門，孩子不捨得，她就趁孩子睡著的時候偷偷離開，或者看著孩子大哭而不得不忙自己的事。這對孩子來說，創傷極大：一旦媽媽離開了我的視線，就可能再也沒有了。所以他有著這樣的信念：媽媽只有隨時在我的視線範圍內才安全，一旦她離開我的視線，可能就再也沒有了。他對媽媽並沒有建立起安全的信任和依賴，這也就是不安全型的依戀。

小時候沒有得到過的心理滿足，我們是要窮其一生來填補的。

長大後，我們身邊的人、我們的社會，就成了媽媽的象徵。我們渴望從他們那裡得到以前沒有得到的東西。比如說，存在感。

別人沒有關注我們的時候，別人在做自己的事情、過自己的生活的時候，我們在那一刻感受不到自己是重要的，感受不到自己是被關注的，就會覺得自己不值得被愛、不重要，就會感到很失落。只有他們主動關心我們、主動找我們、主動跟我們聊天、主動點讚，我們才感到自己是被關注的。而這，就是不安全型依戀的小孩——只有媽媽主動關心自己、媽媽在視線範圍之內，我們才覺得自己是被關愛的。一旦媽媽離開，就似乎永遠都沒有了一樣。

比被別人看見更重要的是，你看見自己了嗎？

他人此刻沒有關注我們，並不意味著不關注我們。因為當我們需要，並表達出來，就能得到關注，也能得到熱切的回應。即使他們沒有來得及熱切地回應我們，至少會在心裡重視我們。只是他們不是我們的媽媽，他們有自己的生活，不能把我們當作世界的中心，能夠隨時給我們關注——這點甚至連媽媽都不能做到。

當我們長大，我們也可以去理解媽媽。

媽媽除了孩子外，還有生活、工作以及她自己的世界。她很重視孩子，但卻不能把一百分的注意力都給孩子。她有自己的悲傷、無奈、無能為力。她有著一個普通人具有的一切侷限。她努力關注我們，但卻總會失手。她沒有接受過依戀理論的學習，沒有掌握嬰幼兒的心理規律；她不是育兒專家，不知道自己做什麼會帶來哪些傷害。

所以，我們注定從小就經常感受不到存在感，經常被忽視，經常覺得自己不重要。

但媽媽的這些忽視，並不意味著她不重視我們。我們長大了也是這樣，**他人也有著自己的生活、侷限和悲哀，他人也有著自己內心裡的那個小孩的渴望**，甚至他人也很需要我們按讚和主動關注，也需要我們這個成年人來看到他。

即使你安靜地坐在角落裡，沒有人看到、不被人注意、沒有人按讚、沒有電話響起、沒有人主動關心你、沒有人能秒回你訊息，你都依然是值得被看到的。

你是成年人，不再是那個隨時需要媽媽看到的嬰兒了。

你和他人平等，都有自己的生活。但是當你真的有了現實需求，你會得到別人的幫助。這，就是愛，就是看見。當你拿起電話，撥通每個朋友的電話去問：「你記得我嗎？你會想起我嗎？我對你來說重要嗎？我會被你忽視嗎？」你會得到一個個很肯定的答案。

你不需要一種幸福叫秒回，你不需要三十二個讚，你不需要別人主動跟你說話，你不需要別人主動關心你。這些都源自你對於看見的匱乏，是幻覺。你很重要，你本來就很重要，所以你值得被看到。你只是沒有被隨時關注，但這並不意味著你不值得被關注。因為你已經不是小baby，不需要隨時被看到。何況，你本身對很多人來說就很重要，雖然不是所有人。比如說你的父母、摯友、戀人、你能幫助到的人等等。

所以，不要去問一堆「當我有困境，誰會第一時間記得我」之類無聊的問題，這些都充分說明你需要一個媽媽隨時注意到你。

問題是，在等待被人看到的時候，你看到你自己了嗎？

第二部

我愛你——我想愛你所不能愛的自己

我想愛你所不能愛的自己

你努力隱藏自己、改變自己，因為你不相信原來的自己值得被愛。其實，別人不愛我們，本質上來說，都是因為我們不愛這樣的自己。

如果問我有什麼辦法可以讓一個人從內心深處感動，我會覺得是愛他所不能愛的自己。我們能給一個人最深的愛，也是愛他所不能愛的自己。在內心深處與一個人建立強大的連接，還是愛他所不能愛的自己。

一個人只有優點，是他隱藏、壓抑了某部分的自己

一個女孩曾經問我，如何挽回男人的心。我問她：「他有哪些自己不能接納的部分？」女孩說，他各方面都很優秀，獨立、堅強、事業成功。

我就問她：「那他依賴、脆弱、不成功的部分哪去了？」

女孩愕然。

一個人不可能只有好，沒有不好。

如果一個人只有好，只有一種可能：他把不好的那部分藏起來了，不讓人看到，甚至會藏得不讓自己看到。這樣他就能只把好的一面呈現給別人看了。

在這個男人的經驗裡，獨立、堅強、優秀才是被人愛的。他太想被愛，所以那些不好的方面，必須要改掉。於是，他用強迫自己的方式改掉：人不能脆弱，人不能依賴，人不能平庸。

可是這部分是每個人都有的，不可能改掉，只可能壓抑。只能偷偷露出，或者在夢裡，或者在某個瞬間，或者在一個人的角落。因為他的經驗告訴他，這部分是不被愛的，不被歡迎的，不被允許的，所以你要藏好。

這樣的人多少有些愛無能，不懂愛。

他可以對你很好，因為他懂責任，懂該怎麼做，滿足你、寵著你、讓你依賴。你也欣賞他、讚美他、愛他。他覺得這樣就很好，因為他的努力都得到了有效的回應。但是他沒有辦法把自己交給你，沒有辦法在你面前呈現自己的脆弱。於是你看不到，便以為他沒有。

他不敢相信，也不會去想：你愛的到底是我的堅強和優秀，還是我本身？如果你愛的是我本身，那我脆弱依賴的部分，也是被你愛的嗎？那部分我自己都不愛，你也一定跟我一樣，嫌棄那部分。因為你從來沒愛過我那部分，所以你肯定也是嫌棄它的。

當一個人脆弱、依賴、平庸的那部分不被你愛，你就無法走進他的心。而那部分，他不願意呈現給你，但是你發現了，仍去愛他，他會非常感動。因為你讓他知道：我愛堅強的你，也愛脆弱的你；我愛成功的你，也愛平凡的你；我愛獨立的你，也愛依賴的你。當你脆弱、依賴、無助的時候，我依然跟你在一起，不僅不評判，說你這樣不好，反而發現這樣的你別有風味，非常可愛，是另外一種美。

那麼，他將透過你的眼睛發現：我是值得被愛的。

愛他所愛的自己，與愛他不能愛的自己

也有一個同學在課堂上問過我類似的問題：如何讓男友別老是忙著工作，更愛我一點？

我問她：「如果他沒有錢了，破產了，你願意養他一輩子嗎？」

她說：「我男友也問我這個問題。兩三年還行，時間長了誰願意呀，他一個大男人憑什麼要我一直養啊。」

——那麼，他當然不敢把你放得比事業重要。因為事業比你可靠多了。

在這個男人的心裡有個擔憂：我有天沒錢了，你會嫌棄我嗎？之所以有這樣的擔憂，是因為他自己都嫌棄沒錢的自己，不愛自己的這部分。

我們大多數人都有這樣的潛意識裡的擔憂：如果我不好了，你還愛我嗎？如果我不相信我不好了你依然會愛我，我就不敢把我交給你。

「我愛你有錢的樣子」和「你哪天沒有錢我也會很愛你」，這兩種愛是不一樣的。前者，是你愛他所愛的自己；後者，是你愛他不能愛的自己。

如果你說，我愛他的全部啊，不管有錢沒錢，他的優點、缺點，我都是愛的。

那麼，他知道嗎？

這部分不是靠語言表達出來的，而是當他失意沮喪的時候，懷疑自己的時候，討厭自己、自責的時候，你是否有看到，並且接納他的這部分，讓他知道：即使你沒做好，我也會一直在你身邊愛著你。

建議，要在對方需要時才給予

我有個朋友，他好心建議一個女孩怎樣去除痘痘、怎樣減肥、怎樣改變自己的生活習慣，卻遭到了女孩的冷處理。他很不解。

大多數時候，我們向另外一個人訴說自己的某些缺點或缺陷時，都會有個隱藏的疑問：這樣糟糕的我是值得被愛的嗎？而這時你的建議是在告訴他：這樣的你是不會被愛的；你只有變瘦了、變美了，才會被愛。你不改變，當下的你就會被別人討厭。

所以本質上來說，這種建議就是對別人的一種否定。給人建議，得是在對方主動發出信號並且真誠地需要你的建議的時候，才是好的。

試試這三句話：

「雖然你長得胖，又有痘痘，但是你很漂亮也很有氣質呀。」

「你可以透過運動、找營養師來減肥除痘呀。」

「我喜歡有痘痘的你，這樣的你看起來不浮誇，真實。我也喜歡沒痘痘的你，那樣的你看起來比較清楚。我喜歡你，和你有關，和痘痘無關。」

如果是你，你會更願意對說哪句話的人敞開自己？

如果你能愛她不能愛的自己，不是去發現她的其他優點，而是去愛她所不能愛的自己的痘痘或肥胖，讓她感受到即使她有痘痘也是被喜歡的，胖一點也是被喜歡的。那麼她將透過你的眼睛看到：即使這樣的我，也是可愛的，值得被愛的。

這樣一種值得被愛的自信，將是一種正能量。而這種能量又會透過她的眼睛散發出來傳遞給更多人。一個自信、充滿愛的人，要比美和瘦更加容易獲得好的關係和幸福感。

人有很多不能愛自己的部分

我們活在這個世界上，不斷被別人評判著；更重要的是，我們不斷評判著自己。我們內心中住著一個大法官，一住幾十年。它不斷告訴我們哪些是好的，哪些是不好的；哪些是會被人愛的，哪些是不會被人愛的。

我們努力想隱藏自己，改變自己，因為我們不相信這樣的自己是值得被別人愛的。其實別人不愛我們，本質上來說，都是因為我們不愛這樣的自己。

我們不愛懶惰的自己，不愛長痘痘的自己，不愛拖延的自己，不愛不上進的自己，不愛軟弱的自己。我們就把這種心理投射出來，認為別人跟我們一樣，都不愛這樣的自己。

但，假如我們開始愛這樣的自己，發現懶惰是一種享受，拖延是一種不刻板的自由，不上進是一種淡定的生活狀態，軟弱是一種可愛，它們就不再是我的缺點，而是我獨一無二的特點。那麼我將允許自己懶惰、拖延、軟弱，如果一輩子如此，我將感覺到驕傲。

就像一個允許自己可以偶爾不工作，拿出時間來陪戀人、打遊戲的人，他可能會被稱為懶惰，但他喜歡這樣的自己。雖然也有人會嫌棄他，但是他也會遇到喜歡這樣的他的人。一個敢於在人前哭泣，表達自己無助的人，有人會看不慣他的脆弱，但是他也會遇到愛這樣的他的人。

你願意相信每一個你，都是會有人愛的嗎？

我愛你，有三個境界：

1. **我愛你的優點**。你的優秀、美麗、獨立、堅強，讓我由衷地欣賞，讓我感覺你很棒。

2. **我愛你的優點，也愛你的缺點**。我同意這是你的缺點，是你不好的地方，但我是接受的。

3. **我愛你，在我的眼裡，你渾身都是優點**。透過我的眼睛，你將發現你所謂的缺點，都是你閃光的優點。透過我的眼睛，你發現了獨一無二的你。透過我的眼睛，你開始接納自己所不能接納的自己。透過我的眼睛，你開始欣賞一直被你嫌棄的自己。

我愛你，借助於我的眼睛，你成為了你自己。

是的，我們每個人都是獨一無二的存在。所有的特點都讓我們更加獨一無二。我們自己不能發現的時候，我們就會愛上那個能夠發現它的人。

一道光，放到光亮的地方，顯得有些多餘，但是放到黑暗的地方，它將意義非凡。

我愛你，絕不只是欣賞你的優點，或接納你的缺點；而是愛你所認為的自己的缺點，愛你所不能愛的自己。

我愛大家都愛的你，也愛大家都不愛的你；我愛你所驕傲的自己，也愛你所不愛的自己。

你這麼要強，一定沒人好好寵過你吧

小時候不被寵愛，長大就會透過「不低頭」與「不斷索求」來填補。

每當面對一個要強的人，我都覺得很心疼。

他們有過多大的創傷，才不得不在長大後努力用要強的方式來保護好自己。

「要強」是怎麼一回事？

一個人小時候從來沒有抬起過頭，長大後就一直要抬著頭。小時候沒有被低頭對待過，他潛意識裡就沒有習得低頭的經驗。

這就是成長環境帶來的創傷。如果一個人小時候在家裡以及大環境裡，他的意見多數

時候是無效的，甚至是不被允許的；如果他很多時候都是在被控制，經常被要求執行命令，或是受到因過度照顧而形成的控制，那麼他在心理上就沒有獲得過足夠的尊重。如果他被以禮貌、孝順、聽話、善良等名義教育，要他關注別人而不關注自己，他就是被忽視的。

有時候父母在身邊，卻忙自己的事而不管孩子，甚至不在孩子身邊，孩子沒有獲得過相應的寵愛，就會有自己並不重要的感覺。他對尊重、關注、寵愛的需求都是未被滿足的。在這樣的環境裡，沒有人對他低過頭，沒有人說過你很重要，沒有人對他道歉過，他一直是匱乏的，他真實的自我是不被允許存在的。

雖然他在物質上以及外在的生活條件上，可能是被大量寵愛和滿足的，表面上看起來大人對他也很好，但這並不影響他們在心理、精神層面上剝奪自我。等這個人長大後，他雖然物質上不需要依賴他人，但心理上卻要以畸形的方式依賴他人。

一個人活著的本能，就是活出自己的「自我」。抬起頭會讓他感受到喪失的自我感。

殖民地民族無論被壓迫多少年，都不會忘記翻身。一個人也是如此，他的意志力無論被奴役多少年，將來有機會是一定要翻身的。

翻身的表現之一就是，我要抓住一切可能，表現我的自我，表現我的高姿態，絕不再呈現低姿態。小時候那種低姿態裡承受的屈辱，不能再出現一次，這太痛苦了。就像是高考時你忍了再忍，但是之後你很難接受再一次把自己按在教室裡準備高考。高考完畢你甚至不願意再讀書，你用厭惡學習的態度來抵消那時候的痛苦。

雖然當時不一定意識到是痛苦的。因為意識到痛苦是件更痛苦的事，有了痛苦就意味著有了期待。小時候的環境裡，人是不可能有自由意志的，因此最好連希望都不要有，這樣就不會有期待，也就不會更痛苦。

所以那些要強、自尊心強、不肯低頭的人，只不過是因為小時候沒被寵愛過，沒被看到過。長大後，他們就做兩件事：

- 以前低姿態時，我把痛苦壓抑了下去，現在如果再低頭就會喚起那時候壓抑的痛苦，所以我必須透過不低頭，來迴避壓抑的痛苦。
- 「我還想要。」小時候沒有得到的尊重、關注、寵愛，我長大了就想問你要。

關於索求

我們接著說想要。

小時候沒有得到過的滿足，我們會在長大後接著問別人要。

其實自尊心強的人，不過是在想要，想向你索取。他們會透過打壓你、嚇唬你、控制你、凶你、語言暴力、暴躁，甚至肢體暴力，來問你要關注，要尊重，要寵愛。

他們不能直接說想要，因為直接說想要，就會讓他們體驗到「低自尊」，那是萬萬不可以的。

語言暴力、控制欲其實是在說這樣一件事：「你為什麼不給我?!」

我想要，但是我潛意識裡知道你是不會給我的。所以我就折磨你、報復你。

因此，控制欲、暴躁、自尊心強，其實是在把早年對父母的恨和不滿轉移到了當前的關係裡。

他們想要，但是不相信會被滿足；他們想要，卻沒有辦法直接表達自己的需要。結果就是：對他們而言重要的人聽不懂其內在需求，只能聽到恐嚇、控制、要脅，他人又沒有學過心理學，也沒有辦法辨識他們的需求，就被嚇得冷戰了、躲起來了，或者反抗了。然後要強的人再一次地體驗到了被拒絕，又一次被忽視、不被滿足，早年這些被拒絕的經驗就再一次被啟動。所以他就更加暴躁和想要控制，一方面在洩恨，一方面在加大強度地索取。

這表現出來，就和當年控制自己的父母一模一樣。所以說，我們長大後，終究會再次成為我們當年的父母。

其實當年父母也是太缺少關注和尊重了，才用這種方式問我們要。如果你願意發展出能力來，看到自己的需求，就可以一致性地表達：

此刻，我很想要你給我些關注、寵愛、尊重。

我很需要你，但我沒有辦法低下頭來。

而不是再用反向表達的方式、威脅的方式，來讓對方聽懂你自己都沒意識到的需求。

如果你有能力看到對方的需求，就可以找他核實或者滿足他了：他只是太需要你的寵愛，此刻他太匱乏、太害怕、太依賴了，並非要對你暴怒或控制，這是他早年的缺失。雖然這不是你導致的，但你就是他最愛的人呀，要不要替他還一點債呢？婚姻，就是他早年對父母幻想的喪失，需要你來填補；他早年對父母壓抑的仇恨，需要你來承擔。因此婚姻除了結親，也是在結仇。當你們彼此滿足的時候就是在結親，看不到對方需求的時候，就是在結仇。

然後你可以去溫暖他。

當一個人漸漸體驗到自己是被尊重、被關注、被寵愛的，當他開始體驗到自己是值得被滿足的之後，就開始學會了一致性表達需求，學會了自己是值得的，而不需要再用激烈的方式要了。你也將會收穫一個暖暖的太太或者先生。

當然，滿足別人也是有技巧的。無限制的滿足，會讓一個人更退化。有界線的適度滿足，是我們需要進一步討論的話題。至於界線在哪裡、度在哪裡，這就是很個人化的問題了。

這也是我們為什麼要學心理學的原因。因為雙方都沒有能力辨識自己和對方的需求，他們都付出過慘重代價：以分手、離婚等高高在上的手段相脅迫，結果就真的分開了。他們內心明明是想要，結果卻是讓對方感覺你是不愛了，而真的分開了。愈走愈遠，換

一個人，再繼續重複這樣的循環。於是，一個不良的方式，導致了一個人一生的悲劇。

深入的覺察和方式的改變，可以改變一個人一生的軌跡，使之走向良性循環。

不回應是對一個人付出的扼殺

他愛你，也努力了。
是你內心深處的「不值得被愛」信念，讓你無法看見他的努力和付出……

為什麼曾經的愛人現在如此冷漠？

我們課程的一個學員，曾經因為老公外遇問題找到我，她十分難過地向我訴苦，說老公怎麼不愛她了，背叛她了，並且沒有悔過之心。她想離婚，他都不挽留，這讓她心灰意冷。她不明白，為什麼當初那麼寵她的老公如今變得如此冷漠，難道曾經的那些愛都是假的嗎？

我問她：「老公以前愛過你嗎？」

她說：「以前他對我很好，非常好。」

「那他以前對你很好的時候，你滿意嗎？」

「滿意啊。」

「那你滿意的時候，會告訴他嗎？」

「不會。」

「不滿意的時候呢？」

「會。」

這就很好理解了：如果一個人對你付出七分，而你看到了他有三分沒滿足你，你指出來了，他再付出八分，你看到了他有兩分沒有滿足你，你指出來了。那麼，這個人在這樣的環境下久了，會發生什麼事呢？

付出七分等於零分，付出八分等於零分，付出零分還是等於零分。換成是你，你還願意付出嗎？這時候再遇到一個付出三分就能被當成八分的人，你會怎麼做呢？

對一個人的付出不回應、忽視、認為理所當然，是對一個人付出動力的扼殺。無論他做什麼，你都沒感覺、看不見，只享受，還挑剔做得不夠好。偶爾讓你滿意一次，你又絕不說出來或一帶而過，而當你不滿意時，你就濃濃地抹上一筆，把什麼都上升到「你不愛我了」的高度。還有比這樣對待一個人更殘忍的嗎？

我又問她：「現在對你如此冷漠的老公，已經對你沒有一丁點愛的行為了嗎？」

「一丁點都沒有。」

「你確定一點點都沒有？」

「有一點吧。」

「哪點？」

「……」

然後她潸然淚下，驟然發現這麼多年來她怎麼一直忽視了自己其實是被愛著的這個事實，是她自己親手葬送了愛情。

回應是對一個人非常重要的付出

在我們成長課裡出現過很多這樣的人。曾經有一位女士特別生氣老公一點都不做家事。有次她老公回到家後沒換拖鞋就進屋了，她非常生氣：

「我剛辛苦拖完地，你就這麼踩進來了！」

老公說：「我沒看見，又不是故意的。你再拖一遍就是了，多大點事！」

她說：「你一點活都不幹，憑什麼我整天拖地？家事應該均攤！」

你可以想到接下來他們的爭執。

「多大點事」就是一個地雷，意思就是你做的都不值一提。其實，老婆真的是那麼想要老公也拖地幹活嗎？未必。如果換一種情境，完全可以不一樣。如果老公回到家不是沒換拖鞋就進門，不是對一塵不染的地板視而不見，不是說「我沒看見」，而是一句「老婆你把地板拖得真乾淨啊」，結果會很不一樣。因為她的付出被看見了。老婆真正

在意的是，老公不知道感恩和珍惜。

這個老婆會特別介意老公不做家事，除了公平、勞累的因素，還有一個因素是：人的潛意識會渴望對方也能做同樣的事情，這樣對方就能感受到自己的辛苦和付出，而不會只認為這是「多大點事」。

這種現象非常常見。比如當你的成功被另外一人說成是運氣的時候，你會生氣地說「那你自己來試試看，你不在其中根本不知道那些苦」。

自己說自己的成功是因為運氣好是一種謙虛。別人說你成功是因為運氣好，就是對你努力的忽視和否定了，你就容易對他產生情緒。

比如我們成長課裡出現過的一位男士，他的老婆是個全職太太，錢都跟他要。老婆沒錢就問他要，沒花完就自己存著，下次再要。當家庭需要花費的時候，她也不把存著的那些錢拿出來，還是問他要。他內心裡就有怨言了，很生氣，不想再給老婆錢花了。

客觀上來說，這個男士並不是太缺錢，雖然掙錢辛苦，但也能掙到。只是太太這種理所當然的態度讓他很痛苦，讓他覺得對家庭的付出是被吞沒了的。

雖然有人會說，那太太也在別的地方為家庭付出了呀。那是理性邏輯。人的潛意識裡，很難將不同的兩件事關聯起來，而只能關注到當下的事。當下的付出你沒有給我回應，我就是會有「被吞沒感」而想停止繼續付出。而被吞沒，是每個人內心深處的一種恐懼。

回應是對一個人非常重要的付出。

回應的意思就是：我不僅看到了你沒做好的部分，我更看到了你做好的部分。我看到你在這樣那樣的情景下所有的付出，即使那是你應該做的，我也想把它表達給你，告訴你：我看到了，接收到了，並且，我很感謝你。

缺少回應，就會給對方造成一種自己沒付出的錯覺。就像是向水面扔了一顆石頭，卻沒有激起水花，沒有回應。你會懷疑那是不是個黑洞。

對於你的不回應，他也會將其認同為自己沒有付出，這就會啟動他自身的挫敗感。他會覺得自己沒用、無能、做不好，然後想做更多。短時間內你是獲益的，因為你的忽視讓他加倍付出了，但是你很快就會透支完他的付出，讓他體驗到付出和不付出一樣讓人痛苦和壓抑，都不被看見。

正如你在一片土地上種一顆種子，你滿懷希望它能開花結果。一段時間後它沒有發芽，然後你恍惚了一下，懷疑自己可能是忘了種，於是你又種了一顆，再種了一顆。土地很貪婪地得到了好幾顆種子——結果卻是，你可能再也不想在這裡播種了。

為什麼你如此習慣不回應他人的努力和付出？

我問那些不習慣回應付出的人：如果你看到了對方的付出，如果你重視了對方的付出，並且當下就表達出來，對對方的付出表示感激和感動，會怎麼樣呢？

這些人有至少三種潛在的恐懼：

1. 「**怕你驕傲，怕你不付出了。**」這就是小時候媽媽常說的話：不要驕傲。所以不表揚你，不看見你，不認可你。實際上呢？對一個人的看見和認可，會讓他停止腳步嗎？他只會更開心地去做而已，因為你讓他知道那是有意義的。
2. 「**我就欠你了。**」如果我重視並接受了你的付出，我就欠你了，我還得總想著還，這種感覺給我很大壓力。這是出於我們內心深處很強烈的不值得感，認為自己不值得別人對我好，所以如果我深深感受到了一個人的好，我就必須回報來抵消。可是我不想為他做更多事情，所以就只好選擇忽視，假裝看不見他的付出。
3. 「**我就會依賴你。**」如果我重視並接受了你的付出，我會習慣你的好而失去自我。萬一哪天你走了，你不付出了怎麼辦？我內心無法相信一個人會永遠對我好，所以不能放開來依賴他，不能完全信任他。

這也是我們內心很深的「**不值得被愛**」的感覺。因為你的內心深處並不相信你們會一直在一起，並不相信他會一直對你好，所以你就這麼一步一步地讓你「期待」的事發生了。這就是人的潛意識：寧願相信自己的感覺是對的，也不願意相信事實是好的。而完全信任和依賴一個人，是需要非常強大的心理素質的。

因此，核心問題就是：

你的內心深處，願意相信美好、幸福和愛是屬於你的嗎？你敢享受那種被愛的感覺嗎？

你也總是忽視自己的努力，不肯欣賞自己。但一個不能欣賞和看見自己的人，是沒有能力看見他人的。

你一定也有一個總是被忽視的童年。不管做什麼，都不被爸媽看見，無論你怎麼努力，你被看到的都是沒做好的部分，得不到肯定和認可。長大後，你就學會了這麼對自己，不愛自己；而同時，你也會這麼對別人，不能愛別人。

在正向心理學取向的諮商裡，我們會傾向於寫出自己和對方的二十個優點。你也可以練習一下，去找你還在愛的證明，而非已經不愛了的證明；去發現自己做到的部分，而非沒做到的部分。

當你盯著哪部分，哪部分就會變多。

對付出最好的回報就是回應他。對自己也是這樣，看到自己的辛苦和努力，然後安慰和欣賞自己。這樣，你也就能夠看到他人的付出了。

當然，不排除個別真的不愛了的人和某些奇葩。本文不代表所有情況。

從心理學看「異性之間有純潔的友誼嗎？」

每個人對他人的感情，是「度」的問題，不是有沒有的問題。是的，世上並不存在純潔的友誼與愛情。

「純潔」是什麼？

總有人在異性關係裡說：「我們很純潔啊。」有時候他們不是在掩飾，他們真心覺得關係很純潔，只是友誼而已。

在討論這個問題前，我們需要先討論：什麼叫純潔？

雜質、混合是一種幾乎必然的存在。大自然本來就不怎麼相信純潔。可量化的東西尚且難以絕對，比如說無誤差、絕對零度；不可量化的存在，就更難以討論什麼純潔了。比如，什麼叫單純得只有善良？怎麼可能有人只有善良而沒有邪惡？

友情、愛情、親情，這三種人際交互的基本情感，必然同時存在任何兩個產生互動的個體之間。混合不同搭配，產生不同的效果。比如說「友達以上，戀人未滿」、「相處久了，成了親情」、「紅顏知己」、「男人的女兄弟」、「女人的男閨密」、「第四種情感」等。就像大自然實際上只賦予了世界三種原色：紅、綠、藍，然後不同比例混合搭配，才形成了這個多彩的世界。如果你要提純到單純的紅、綠、藍，大概只存在實驗室中吧。

也就是說，任何兩個產生關係的個體，都有著愛情、友情、親情。只是比例不同。比例這回事就是：到達什麼程度能被你辨識？到達什麼程度你能接受？這些都是主觀的心理感受，是你個人化的感受和選擇，沒有普遍意義的標準。

心理意義上有絕對性別嗎？

一個人在生理意義上有絕對性別，但是心理意義上並沒有絕對的性別。

上帝造人的時候，在生理上設定了基因，讓ＸＹ染色體或ＸＸ染色體可以量化，決定一個人的生理性別。但是心理上，卻沒有區分。

心理學家榮格在這方面的描述是：每個生理男人都有女性的一面，叫阿尼瑪；每個生理女性都有男性的一面，叫阿尼瑪斯。我們不提這麼專業的術語，我們只談論你生活中非常直觀的經驗：男人有女人的一面，女人也有男人的一面。

榮格的意思就是說，心理意義上，不存在純潔的男人和女人，大家都是男人和女人的

結合體。

而愛情這個東西，本來就是心理意義上的存在，只能從心理意義上探討。所以男人與男人、男人與女人、女人與女人，不同生理性別的組合，都存在愛情。正如不同的職業、年齡、膚色組合都能產生愛情一樣。因此，不僅異性之間沒有純潔的友誼，同性之間也沒有。

我們的文化禁忌，會壓抑一部分本能。在我們成長的時候，會被要求按照「男人應該」、「女人應該」來發展，進行性別認同教育，所以我們選擇性地認同了自己的部分人格，同時也將異性特質的部分進行了壓抑，然後以符合社會規則的形式表現出來。比如男人之間的勾肩喝酒、女人之間的把手逛街，都是在合理地表達同性間的感情。

如果再進一步發展，就會激發禁忌的懲罰感，以罪惡的形式表現出來——因為想到自己居然會對同性有感覺，而有噁心感。

所有的噁心，本質上來說就是太嚮往。禁忌即圖騰，這是典型的反向作用。而在成長的過程中，如果沒有進行過多的性別認同教育，比如說把一個男孩子放在女人堆裡養、把女孩子完全當男孩子養，同性戀發生的機率就會更高。

戀愛本身就是個心理意義上的名詞。處於戀愛中的，一定是心理上的男人和女人。他們的性別、年齡大小、頭髮長短，都是外在形式而已。

友情本身就是一種合理化了的愛情，所以如果你介意一個人和異性的友情，最好同性的也介意一下。這樣比較保險。

心理意義上有絕對角色嗎？

一個人在外在社會意義上有角色，但是心理意義上並沒有絕對的角色。在角色上，你可能是父母親、子女、親戚，但是在心理意義上，你是個男人或女人的動力要遠遠大於是父母子女。也就是你首先是個男人或女人，然後才是誰的爸媽、孩子。因此，愛情某種程度上是大於親情的。大自然本來也就是這麼安排的：先有了愛情，後有了親情。

只不過常態上來說，愛情的穩定性不如親情高，因為後者有血緣這個固定架來固定。心理學家也做過無數研究證明，從嬰兒開始，就對異性父母有了性幻想。父母對嬰兒也有。這就是著名的「伊底帕斯情結」。每個男孩在三歲的時候，這種潛意識衝動最為強烈，即想弒父娶母的幻想。女孩也是，你會發現女孩在三歲後會有意無意想推開母親、靠向父親，會阻止母親與父親親密。這就是愛情的雛形。

愛情是不分角色、年齡的。不能因為你是我老闆，你比我大我就不愛你了。同理，也不可能因為你是我爸、你比我大二十多歲，我就不愛你了。

然而，這並不妨礙他們之間有血緣，有親情。親情都是夾雜著愛情的。或者說，親情是在恰如其分地掩飾愛情。

親情也夾雜著友情，不然不可能在一起愉快地玩耍，更不可能實現「把孩子當成朋友」。

父母這個角色，他們心理上也不一定恆常是父母。父母經常把孩子當成自己的父母，

用要求「聽話」等方式要求孩子來照顧自己的情緒，自己的很多心理需求需要從孩子身上得到滿足。

愛情就是純潔的？

並沒有純潔的愛情。心理學家哈特菲爾德（Elaine Hatfield）研究發現，愛情有兩種：激情愛、夥伴愛。

激情愛就是最原始衝動的短時間爆發。夥伴愛又稱為親情愛、友情愛。兩個人結婚相處久了，就是很好的朋友，就是親人。你能說這是愛情？友情？親情？

結婚久了，感情最不純潔。

心理學裡還有一個已經被無數次證明的定律：所有的親密關係都是在翻版早年的母嬰關係。也就是你對一個人的愛情，實際上是因為他承擔了你早年母親的功能。男人、女人找的，一定是早年的媽媽，當年媽媽沒有給你的，他給你了，你就愛上他了。這個在〈成功的戀人和成功的父母是一樣的〉（P.158）有談過這個過程。

因此愛情，也是親情的一種延遲版。

再進一步說，純潔的愛情只存在幻想中。我們無法真正看見一個人，無法真正了解一個人。我們愛上的除了這個人本身，還有一大部分是我們自己用想像填充起來的。所以，當面前這個人跟我們想像的有所差異時，我們就會跟他產生衝突。因為我們愛上的除了他，更是那個經過我們理想化創造出來的人。

這很好理解，我們愛貓愛狗愛范冰冰，但你並不了解他們真實的內心，實際上你只是一廂情願地把一個理想化的愛人形象，安在了面前這個對象身上。

忠誠存在嗎？

異性之間沒有純潔的友情，戀人之間沒有純潔的愛情，親人之間也沒有純潔的親情。純潔，只是一種理想化的不可實現的狀態。

即使你處在一段戀愛、婚姻關係裡，你依然會對伴侶之外的人產生心動、衝動、幻想，這就是哈特菲爾德說的激情愛。人可以不談戀愛、不結婚，但不可能不產生愛情。

那麼，戀人之間究竟存在忠誠、專一嗎？

遺憾的是，不存在。人可以控制自己的行為，不去跟別人上床或接吻，但不可能控制自己的感情不產生衝動。精神出軌是種必然不可控、不受意志力支配的行為。你還要去用意志力要求嗎？那就像是要求某人作夢不要夢見其他異性一樣。

所謂忠誠，只不過是戀人之間原始安全感匱乏的一種補償。我們無法確定自己是值得一直被愛的，也不相信自己和對方，所以要拿婚姻、忠誠、專一、誓言等外在形式來固定一下感情。因為我們太怕它不穩定了。

因此，**強調忠誠，本身就是對感情不穩定性的一種確信而產生的外在補償**。當然，婚

姻還有其他社會意義和功能，我們不討論。補償不穩定感只是它的功能之一。

要求伴侶絕對忠誠，你必然失敗。即使他同意了、他自己說了，也不算。人的本能、潛意識並不受意識支配。語言是受意識支配的，但意識能支配的範圍太有限了。

有人會反駁：「我的確對他／她沒衝動、沒想法，也不想跟她在一起啊！」是的，你們之間只是沒有稱為「男朋友」或「女朋友」而已，但你不能說是沒有愛情。

正如有人問：「男女之間有純潔的友誼嗎？」我只能答：有，愈醜愈純潔。因為醜到根本不想談戀愛。但是再醜也有愛情。一個人醜，你還跟他有往來，一定是他有外表之外的東西滿足了你，讓你有動力維繫。

人與人之間只要有連結，就會有感情。只要有感情，就會有愛情。所以，愛了就大膽地承認，別說些「友達以上，戀人未滿」、「第四種情感」、「我和他沒什麼」、「我們雖然是異性朋友，但是很純潔」之類的話來掩飾愛情，這最多叫：我對你有感情，但是你還沒有到達能和我談戀愛的級別。

這很好判斷：假如你可以有一千個伴侶，你會考慮把他／她算一個不？

因為愛人只能有一個，所以你要掩飾。掩飾的好處是很多的，比如說可以防衛自己「花心」、「混蛋」、「流氓」的罪惡感，繼續假裝自己是個好人；比如說不會嚇到對方；再比如說，防止被某某人揍。

愛人只能有一個，但是愛情對象，必然有很多。只是意識和潛意識裡的某些原因，我們只能假裝有一個有名分的，其他的愛情對象就必須以衝動、友情、炮友、知己等名詞來掩飾。當然，不是故意的，這是潛意識。

該如何面對感情？

最後我們就要重複一開始的問題了：你對別人的感情到達什麼程度時，能被你辨識？再到達什麼程度你能接受？

你的伴侶對別人的感情到達什麼程度你能接受，然後行為上選擇性地節制？

是「度」的問題，不是有沒有的問題。而「度」，就是你說了算了。

最後，就是別太認真、別強迫、別追求絕對的安全和純潔，不然你會把關係搞得慘慘的。

我有時愛你，有時不愛你

愛，是一個動態的過程，並不是二十四小時都在發生。

很多人會因為情感問題而找我。我聽過的故事有：

「週末他也不回家陪我和孩子。你說他忙吧，我也理解，可是即使他回家，也是一個人在那悶著頭玩手機，不怎麼搭理我。他就是不愛我了。」

「離婚前我最後問他一遍：你愛過我嗎？他居然說『不愛你我幹麼要娶你』，我覺得他連個正面的回答都說不出來，就是不愛了。」

「有次我生氣了。老公跟我對罵了一頓卻沒有哄我。我覺得哄哄我就一句話的事，為什麼他不願意做呢？這麼簡單，他都不做，他一定是不愛我了。」

「我懷孕了，經常一個人去做檢查。我害怕極了，覺得一個男人在你脆弱的時候、去醫院的時候都不陪你，是靠不住的。」

「他一點都不愛我。看到我累死累活，他熟視無睹。在我痛苦掙扎的時候，他雲淡風輕。在我需要陪伴的時候，他無影無蹤。」

沒有人能對一個人「一直做到」

總有人覺得，一個人在意什麼，就會花時間在哪。你愛一個人，就會花時間陪他；你愛一個人，就會經常誇他而不捨得罵他；你愛一個人，就不會捨得讓他受苦。他們有很多的「愛一個人就應該……」。

並且他們認為這些事情都是很簡單的，是舉手之勞。

他們有很多的證據證明你就是可以做到的：「我都做到了你也應該做到；你對別人能做到卻不對我做；剛認識的時候能做到，現在卻不做了。」

他們覺得，你能做到卻不去做，這只能說明你不愛了。

然後就，分手吧，離婚吧。有時只是想想，有時會付諸行動。

這個邏輯，不知道葬送了多少親密關係。

可是，我們該怎麼定義愛呢？

我很想同意你的看法：愛一個人，就是應該陪陪他、關注他、誇誇他、看見他、理解他。在需要的時候出現，在無助的時候滿足。

這些真是很簡單的事，有時候就是一句話的事嘛，就是一個簡單的動作嘛。

可是他就是做不到，為什麼呢？

一定是哪裡出了問題。

●●●

我們經常做這樣一個實驗：如果讓你舉一枝鉛筆，你能舉起來嗎？

So easy.

但，請問你能舉多久？

如果你能時而拿起來，時而放下，舉一生一世都是沒問題的。如果你一直舉著，或者在被檢查到的時候需要舉著，並且「連個鉛筆都舉不起來的時候我就不開心」，請問你能舉多久呢？

路遙無輕物。也許能暫時性做到，偶爾做到，經常做到，但卻無法一直做到。

你說，我沒有要他一直做到啊。

一直的意思其實是：二十四小時待命狀態，當你需要，他就得做到。你要的，也許就是二十四小時的隨時可滿足狀態。如果他有一次沒做到，你就會啟動「你不愛我了」機制。

你可以問問自己：你為什麼想要每次都滿足，想要一百分的滿足呢？如果不是一百分，如果他沒有做到，那麼你有原諒過他嗎？

一個人願意為另外一個人付出，不僅需要愛，更需要能量。當你疲憊的時候，有心事的時候，你就是什麼都不想做，也不想管另外一個人，甚至自己都不想管，就是想看看手機、發發呆、跟別人聊聊天、做點輕鬆的事情。此刻的你就是沒有能力、沒有精力、沒有心思去付出，此刻的自己就是匱乏的。

那時的他，就是沒有能量愛你。

有時候就是有些東西比你重要。有時候都不需要理由，就是此刻不想愛了。你對一個人，沒有過有時候討厭，有時候喜歡，有時候愛，有時候煩，有時候覺得他屬於自己很安全，有時候覺得他很陌生、跟自己無關嗎？

愛是一個動態的過程。愛並不是二十四小時都在發生。

很多事情都是如此。有時候很簡單，有時候很難；有時候充盈，有時候乾癟；有時候想做，有時候不想做。

恰恰你需要的那一次沒有發生，你就覺得他所有時候都不愛你了。你把此刻當成了永恆；你在幻想一個「如果愛，請深愛，請每秒都愛」的夢中情人。

你能將自己的「需要」表達出來嗎？

即使他此刻是能量豐滿的，如果體會不到你的悲傷，理解不了你的困境，也不會付出。

很多人會對戀人的苦楚或困境並無感覺：不就是發個燒、感個冒嗎？又不是什麼大

病，自己去醫院不好嗎？浪費時間，耽誤工作，我也幫不上什麼忙。男人就是應該賺錢比女人多啊，女人就是應該做家事啊。男人就是應該讓著女人，保護她、支撐她啊。不就是拖了個地嗎？不就是沒接到你電話嗎？幹麼要大驚小怪的！

就像有的人無法理解整齊強迫症患者對不整齊的痛苦，覺得不就是放歪了點嗎？這些理所當然背後，都有著這樣的過程：他們體會不到對方的困境、哀傷、無奈、痛苦，理所當然地把對方看得非常強大而去要求他，或者理所當然地認為他和自己一樣，會覺得這是無所謂的事。

嬰兒和媽媽的關係就是如此：嬰兒需要二十四小時的陪伴呵護，但是很多媽媽做不到。比如說有的媽媽在上班時，會把嬰兒放到公司的育嬰室，讓一個阿姨看著幾十個小孩子。比如說媽媽把小孩子放到幼兒園扭頭就走，不管孩子多撕心裂肺地哭。比如說有媽媽看到小孩子哭了，就訓他說不許哭……

在小孩的世界裡，那一刻，他是多麼需要媽媽，需要媽媽看見他、在他身邊保護他、抱抱他、給他支持。媽媽離開的那一刻，他經驗到的是坍塌，整個世界的坍塌——最重要的人保護不了他，離開他了，再也不回來了。

可是在媽媽的世界裡是這樣的：多大點事，哭什麼哭？又不是不回來接你了。

媽媽只能看到孩子的哭，無法體會到孩子背後悲涼和痛苦掙扎的世界，因為從媽媽的角度，這的確不是什麼問題。但你說，媽媽不愛他嗎？

從孩子的角度，此刻是不愛的；從媽媽的角度，此刻是愛的。

當小孩子長大後，遇到了同樣的戀人，他的體會就是：我如此地需要你，如此地痛苦，你都置之不理。你就是不愛我了。而戀人的體會卻是：多大點事。

更痛苦的是：你怎麼表達痛苦，他都很難理解。

正如小孩用盡了所有手段表達自己的痛苦，卻只能換來媽媽一個：哭什麼哭，小孩子哪那麼多事。但媽媽還是愛著的。

只能說，沒人能成為做到百分百愛你的媽媽。正如長大後，沒人能成為做到百分百愛你的戀人。

從動機上講，媽媽是很想愛的。我想如果媽媽那一刻有能力體會到嬰兒的感受，她一定會選擇擁抱。可惜嬰兒不懂用媽媽能理解的方式表達。

那麼，你長大後，是否能用自己的方式，讓另外一個人體會到他所不理解的你的痛苦和需要，讓他意識到這對你的確是件很重要的事呢？

你需要的是成長，是愛自己的能力

每個人都有他的創傷，總有人給不出來，即使看起來很簡單的東西。對他來說，這就是困難的。

我也從來沒見過這樣一個人，可以完全做到這些：既能陪伴人，又能理解人；又能低頭，又能哄人；又能重視人，又能保護人，又能隨叫隨到……如果你見到過，我只想對

你說：請介紹給我！

比如說低頭。一個低自尊的人，真的很難低頭。他自己都非常需要被哄、被寵愛、被圍繞，要他給你這些，就會很吃力。

比如說讚美。從小沒被讚美過的人，長大了就沒有讚美別人的能力。他自己都還需要被讚美。

比如說陪伴。一個沒有能力陪伴自己的人，就是會把自己搞得很忙碌，或者忙工作，或者忙手機。他沒辦法自己待著，也就沒辦法跟你待著。他必須靠一個冰冷的客體來填充他的世界，來防衛自己以感受到存在。

有些事客觀上很簡單，對有些人卻是創傷體驗，做不出來。比如你對媽媽說「愛」。愛就一個字，但有的人就是說不出來。你能說這個人就是不愛媽媽嗎？

你可以說，那我去找個在這方面容易做到的人啊。

是的。但他又會有別的創傷，又會有別的地方無法滿足你，這時你準備接著再換嗎？

人的侷限性決定了他不能每天二十四小時心理能量飽滿。有時他就是恰好在你需要的時候匱乏了、不想愛；有時就是厭惡你、煩你、不愛你，甚至還需要你的愛或要你滾遠點；有時就是沒有能力體察到你的虛弱和匱乏，更沒辦法滿足你的需要；有些方面他就是有自己的創傷，即使想給也非常困難。

沒有人會六十秒×二十四小時×三百六十五天全程線上地愛你。所謂天長地久，就是這樣的關係被允許持續。

我有時候愛你，有時候不愛你；心理能量飽滿的時候愛你，匱乏的時候不愛你；有能力發現你的痛苦和需要的時候愛你，沒能力的時候不愛你；在擅長的領域裡愛你，在創傷的領域裡不愛你。當我不愛你的那些時候，也許需要你來愛我。

沒有人會一百分滿足你想要的一切。我只能有時候八十分滿足你，有時候六十分滿足你，有時候零分滿足你，有時候甚至零分都沒有還要問你要。

當你內心害怕自己不被愛的時候，你就會找證據證明自己不被愛，而不會找證據證明自己是被愛的。

當你發現他不愛你了，繼而感覺到痛苦絕望，也許比起強迫他改變，你為自己做點什麼會更容易些。當然，如果你是個厲害人物，你想繼續強迫他改變，我是不會報警的。

你真正需要的是成長，是愛自己的能力，是修復自己的創傷，是放下「此刻即永恆」的心。

當他的愛給出來，你安然享受被愛。
當他的愛給不出來，你要學會用自己的愛為自己補上。
當他不能愛自己，你也要去愛他，讓他安然享受被愛。
愛是一個互相滿足、動態平衡的過程。

成熟的過程就是：你發現這個世界和他都不完美，但是依然選擇去愛，而不是幻想另尋完美。

相信愛，愛就會回來，雖然有時候眼前看不見。這就像是媽媽一樣，媽媽並不是消失了，不要你了，她只是去上班了。她會回來的。

辛苦擦地板的你，是否應該包容蹺腳看電視的他？

你可以為自己的規條去付出，但不要理所當然地強迫誰服從。

我說些討罵的話吧。

如果我們討論：一個辛苦擦地板的人，是否應該包容另一個蹺腳看電視的人？我的答案是：應該。

類似的問題包括：一個辛苦賺錢的人，是否應該包容另一個在家喝茶看報的人？一個早起又接孩子又買菜的人，是否要指責另一個什麼都不做的人？

親密關係中，常常發生自己付出很多，對方卻無動於衷，於是生出各種指責抱怨。

所有評判，來自你個人的價值觀

在人際關係，尤其是親密關係中，「評判」是一個大忌。這就是以自己的標準為榮，以對方的標準為恥，認為自己的標準是對的、好的、高級的，對方的標準是懶的、俗的、低級的。

因為你有了這個標準，所以對方就應該自覺地、自動地、高興地、輕鬆地放棄他的標準，遵從你的？

比如說，對於擦地板、洗澡、起床、擠牙膏等標準。你的標準是地板要一塵不染，他的標準是別太髒就行。你洗澡的標準是一天一洗，他洗澡的標準是出去見外人才洗。你的標準是時間到就得起床，他的標準是有事才早起。誰的標準好呢？

如果非得說你的好，就顯得有點自以為是了。如果你說大家的、公眾的標準都這樣，那你就是把家變成公共場所了，因為你剝奪了人在家裡可以不遵循公共道德的自由。

回到開頭的問題，這裡的評判就是：辛苦擦地板是對的，蹺腳看電視是錯的。似乎有點不公平。因為簡單說就是：辛苦是對的，享受是錯的。尤其在該辛苦的時候享受是不好的，但這只是你的評判。

就像大學裡某個考研究所的同學告狀：「某室友在宿舍打遊戲影響我念書。」班導說：「那你念書打擾人家打遊戲了嗎？你怎麼評判哪個是好的，哪個是壞的呢？」所以，是否擦地板是你的選擇、你的標準，你在為自己的標準付出，這是可以的。但理所當然、義正詞嚴地讓另外一個人為你的標準付出，那就有些不正常了。

評判，就是區分出了哪個好、哪個壞，哪個應該、哪個不該。**在關係裡，尤其是親密關係，定義好壞、對錯、應不應該，本身就是在捆綁限制關係。**

當然，關係是要有所限制的，比如說善待父母孩子、忠於伴侶。但在細節上做過多限制，這感覺就像是：修一條馬路，你需要設定護欄，形成一定的基礎防護。但當馬路寬度一定，而你又劃太多標線的時候，車跑起來就很不方便了。

界線愈多，就愈容易出事。

評判，來自家庭規條

比如說，你從小被訓練成要整潔乾淨，每當地上有根頭髮，你是會被數落甚至被揍的。比如你小時候必須要準時起床，起得不夠準時是會被訓的。地板怎麼擦是如此，牙膏怎麼擠是如此，是否要勤勞是如此，是否應該關心另外一個人也是如此。如果你很關心人，很勤快，很可能是因為你受過這樣的訓練。這種潛移默化的訓練，在你的潛意識裡形成了一種模式，成為你自動化的一個動作，很是習慣，以至於你覺得乾淨、整潔、擦好地板、從尾部擠牙膏、勤勞、應當關心別人這些事都沒什麼，而且很好。

但是，另外一個人的家庭教育不是這樣的。他來自跟你不太一樣的家庭，有著不同的受訓背景，對於人生有著另外一套活法。很多人說門當戶對多麼重要，就是來自於此。

但是再門當戶對，也不可能有完全一樣的家庭。即使同一個家庭裡的兩個孩子，因為年齡、性格、學習成績等不同，父母的態度也可能截然不同。所以人與人存在差異是必然的。

人與人的差異，有一大部分是來自家庭規條的不同，這導致了生活習慣與人生觀的不同。

因為你只經歷過一個家庭，你在這樣的環境裡生活，所以你潛意識裡自動認為這是世界唯一的標準，並且是正確的標準。實際上這標準只屬於你的原生家庭，並不通用。不要說「擠牙膏從尾部擠就是方便啊」，那是因為你的規條是「人要為了下一步方便而做好眼前這一步」。不要說「整潔了就是舒服啊」，那是你體會不到對別人來說，放鬆自由的快感會大過整潔帶來的舒適感。

人之所以會懶，是因為從懶中獲得的益大於從勤快中所獲得的。兩者相比，人自然會取其大。所以也不要說洗了澡人就乾淨了之類的，你看到的是表面的好，看不到他人和你不一樣，看不到他為了實現你的標準而付出的代價。你可以輕鬆講好中文，但你要求一個外國人和你一樣輕鬆講好中文就是殘忍了。

規條與禁忌背後的含義

規條是一個家庭的禁忌。也就是說你只能這麼做，不能那麼做。規條並不是愛。愛應該是輕鬆、自由的；而規條是僵化、封閉的，會讓人覺得很累。

你兒時被訓練時，做不到或做錯了是要被罵的，所以你養成了地板必須整潔、牙膏必須從尾部擠、必須按時起床按時洗澡的好習慣。

禁忌的第一層意思是：我不能做不到。

即使我很累，即使我不開心，即使我不願意，我也不能做不到。如果達不到標準，潛意識裡會自動判斷為「這時我是會被揍的」，所以再累再辛苦，也要擦地板。而這時候潛意識又會生出一條輕鬆法則，於是心裡就會更加糾結：「我必須完成」vs.「我不願意完成」。

那我就只好動員另外一個人替我完成了。因為這件事是不得不實現的，那麼人在實現不了或實現起來很累的時候，就會將其轉移到另外一個人身上，讓他去替自己實現。所以當你想讓另外一個人替你做事，一定是你不想做又一定要做的時候。假如你是愛擦地板的，另外一個人是否在看電視，都不會讓你有強烈的反應。

禁忌的第二個意思：我不能做，你也不能做；我必須做到的，你也必須做到。

你和我這麼近，你是我的自我範圍內的人，是我的一部分。我絕不允許你做出逾越禁忌的事。所以我不能允許我自己地板擦不好，你也不能擦不好地板；我不允許自己自私，你也不能自私。

禁忌的第三個意思是：我是渴望突破的。雖然必須做A，但我很渴望做-A。為了避免激發我想做-A的欲望，只好讓你不要在我面前拿翹做-A了。

地板，我其實是不想擦的。我很想像你一樣，可以輕鬆自在蹺著腿看電視，可以享受生活。但是我不允許自己那麼做，因為我潛意識裡會判定：輕鬆是會被揍的。那麼你也不能做，不然你會激發我的欲望。

我在北京坐地鐵的時候，每進地鐵就要安檢，人人必須如此，沒覺得有什麼，進地鐵不安檢在北京就是個禁忌。但是到了上海坐地鐵，我就十分不願意安檢。雖然我還是會把包包放進安檢機，但那感覺有些不爽。因為，旁邊路過的人，都不會去過安檢。他們能堂而皇之地不守規則還不用被揍。他們激發了我也想不守規則、不過安檢的欲望。在上海，地鐵安檢不是禁忌，結果就導致我這個從北京來的人，極度不適應，甚至有想把路人叫過來安檢一下的衝動——這種感覺，就像家裡擦地板的那個人見不得另外一個人居然不擦地板一樣。這就是有人突破了禁忌，激發了仍在禁忌裡的人的欲望。

合理維護個人的界線

以上討論的是：如果你擦地板，另外一個人在看電視，那麼這是因為你有你的規條、你的禁忌、你的標準。當你強迫另外一個人和你一樣的時候，就是一種家庭裡的霸權主義了。這都是一種自我界線不清晰的表現，把對方當自己去對待了。**親密關係裡界線過度清晰和過度融合，都是有問題的。兩個人需要找到相對都舒服的界線融合和獨立狀態，關係才會和諧。**

接著討論另外一種情況：被別人要求。即看電視的人要求你擦地板。

這就是另外一個人企圖侵入你界線的標誌。類似的界線入侵的事件還有：爸媽逼婚。

面對這種情況，你會怎麼辦呢？

健康的做法是合理地維護自己的界線。他怎麼要求是他的事，你怎麼執行是你的事。你們是相對獨立的個體，你需要在他的失望和自己的委屈之間找到一個平衡。當他的失望與你的委屈不可全部避免時，你從中選擇一個，然後為結果負責就好了。

・關於責任

責任屬於道德的範疇，良好和諧的關係，一定是內心動力的和諧，而不是對別人施以道德捆綁。也許你可以用武力、責任、道德等武器征服一個人，但是你必將遭遇對方的反彈。

潛意識是符合宇宙規律的：哪裡有壓迫，哪裡就有反抗。當他反抗的時候，並不是他不愛你了或者變了。而是當初種的強迫的種子成熟了，開花結果了。

責任，只是被你拿來入侵對方界線，要求他服從你標準和禁忌的一種說詞。

・關於付出

親密關係裡沒有人強迫你付出，即使被強迫了你也可以找回自己的界線。你所有的付出，並不是為愛付出，而是為你童年的規條、禁忌、自己對責任的理解、對家的理解而

付出。

而為愛付出，應該是這樣的：對方的接受，就是對你最好的回報。所以，你也可以向他學習，可以看電視。突破自己的規條，走出自己的禁忌，地板髒點沒關係，不會有人再像當初媽媽罵你一樣指責你。即使現在有人指責你一下也沒關係，這並不是拋棄，而是關係的調味劑。

如果你不願意突破，你可以為自己的規條——我們說好聽點叫價值觀——去付出，但不要太理所當然、理直氣壯地強迫另外一個人，而是學會用積極的語言邀請對方，這會比這麼堂而皇之的強迫來得高效率。

記住，是你想做，而不是他。

一個人對差異的忍受程度，正是一個人成熟的標誌之一。

而堅持透過改變另外一個人來滿足自己的做法，則是嬰兒全能自戀感氾濫的表現，這樣的人是需要看心理醫生的。

你真正需要的是成長，是愛自己的能力，
是修復自己的創傷，是放下「此刻即永恆」的心。

當他的愛給出來，你安然享受被愛。
當他的愛給不出來，你要學會用自己的愛為自己補上。
當他不能愛自己，你也要去愛他，讓他安然享受被愛。
愛是一個互相滿足、動態平衡的過程。

成熟的過程就是：你發現這個世界和他都不完美，
但是依然選擇去愛，而不是幻想另尋完美。

相信愛，愛就會回來。

在親密關係中做個成年人

親愛的，感情是一同成長，而非靠誰來完整自己。

你是否也正把「自我功能」外包給他人？

在小孩子長大的過程中，他會嘗試把自己的自我功能外包給媽媽。對於很小的小孩來說，媽媽替他做一些事，遠比自己做容易得多，並且不會出錯。比如說媽媽替自己收拾房間，媽媽替自己愛自己，替自己安慰自己受傷的心等。

一個健康的媽媽，應該是敢於去不滿足或者說適度滿足她的孩子的。從嬰兒呱呱墜地開始百分百地需要媽媽的滿足，到孩子長大成人，媽媽的功能都是在漸漸減弱的，直到孩子能夠在生活和心理上都獨立，不再需要她。

但是有兩種情況的發生，會讓孩子無法發展出他的自我功能。

一是**媽媽承包過度**，嬰兒發現自己只要喊媽媽就可以不用自己完成，只要透過吶喊就可以得到滿足，而不用自己做。長大後一旦別人沒有像媽媽一樣照顧他，他就會憤怒。

二是**媽媽毫無承擔**，嬰兒幾乎未享受過被滿足的感覺，就使用幻想的機制在幻想的世界裡被滿足，並把這種幻想投注到每個靠近他的人身上。得不到滿足的時候，就啟動原始憤怒，怨恨別人為什麼不滿足他。

親密關係裡的衝突，多數都是因為自己沒有辦法照顧自己，希望伴侶能給他們照顧。伴侶沒給他，所以他就生氣或者失望了。也就是，因為企圖把自己的自我功能外包給伴侶失敗而產生的衝突。其實這是出自人在長大過程中所需要的心理營養沒有被滿足，或需要被閹割，長大後強迫性重複了當年的模式。

比如我一個案主，已經是個很優秀的女生了，但她一直找不到想要的男朋友。找到了也一直換，不想換後就偷偷發展了兩段戀情，不含備胎。她很驚慌地找到我，說她總能找到喜歡她的這些男生的缺點：勤奮的覺得沒錢，在大城市沒有背景、靠單純奮鬥太難有希望；富二代有錢，但萬一他父母倒了坐吃山空了我怎麼辦；做生意的，也害怕萬一哪天他被查了我怎麼辦。她所有的擔憂都圍繞著一個點：這些男生沒一個可以滿足我對於安穩生活的需求。

於是我問她，為什麼不自己去創造呢？她說女生呀，當然要靠男人。對她來說，自己需要的安全感和富足的生活是不能自給的，需要外包給一個伴侶來滿足。

我還有一個案主，她很介意老公對女同事有一點點的好。她常說的話是：「他對每個人都好，那我對他來說有什麼特別的啊？」所以她表現出強勢、控制，讓老公十分反感、膽怯和壓抑。

於是我問她：「你能找到自己的獨特性嗎？」

後來我們在諮商中發現，她不能找到自己的獨特性，不能肯定自己存在的價值，所以她需要從伴侶那裡尋找與確認，希望透過伴侶的證明來感受到自己的一點獨特。

感情是一同成長，而非靠誰來完整自己

我也曾經習慣把我的自我功能外包給他人。以前我告訴自己，找女朋友的標準只有一個：當我和她一起走到大街上，別人會看著她指著身邊的我說，這女的怎麼會看上他啊。這是因為我渴望優秀而又無法確認自己的優秀，就會期待從伴侶的優秀來感受自己優秀。

那時我不懂得照顧自己，所以喜歡成熟的、年紀比我大的女孩，會很迷戀她們對我的照顧。然後在一起相處並沒有多久，我無所不用其極地鬧，就把關係搞砸了。我的鬧主要表現在：希望她可以給我一些安慰、關注、及時回應，可以幫我做做飯、洗洗衣服。是的，我找了個媽。我沒有辦法照顧自己，我把我對於愛、關注、認可、回應的需求都外包了出去，她需要給我這些並要給足劑量，我才覺得心安。

分手後的那段日子我是無比煎熬的，整個人被掏空了，有想死的衝動，直到被我的治療師所拯救。在我的心理師那裡我領悟到：一段健康的關係應該是兩個獨立的人的相遇，然後我們借助彼此，完成生命的延伸。即我有一百分，你有一百分，我們在一起後成了兩百分。

而不健康的關係是：我們有一個人只做了半個人，另外一個就要被迫成為一個半人，承擔起你那一半的生命。即我只有五十分，我期待你給我另外五十分讓我完整。

但你的潛意識又會因為不想被控制，或不相信有人能為你的人生負責而抗拒。因此當另外一個人替你做這些的時候，你也不會因為全然地信任他而把自己交給他，而是透過各種胡鬧和證明來企圖保持獨立。

所以**失戀之所以痛苦，是因為失戀不是失去了一個人，而是失去了半個自己**。

當我看到這樣的模式，我開始決定走出來，成為一個獨立的人。我開始學習洗衣、做飯、摺衣；我開始學習控制情緒，應對憤怒與失落，也開始鼓勵自己、認可自己、相信自己是優秀且值得的。

那是我第一次嘗試想成為一個獨立的人。然後我開始感謝那段關係，如果不是被拋棄，我可能會一直胡鬧下去，企圖讓她承包起我所有的自我功能，直到承擔不起。而我也一直不知道自己其實還沒長大。

從痛苦中走出來，也會讓我欣慰。這是一個長大的過程，首先不必去抱怨對方的殘忍或者不完美了，因為對方本來就不該承擔你的這部分自我功能。而她替你承擔了那麼久，本來就是一個多出來的部分。正如薩提爾說：不要因為我的離開而悲傷，要為我曾經來過而慶祝。

因為那本來就是界線之外，你多得的。

那是我第一次體驗到想從一個小男孩成為一個真男人。一個成年人，首先是要獨立、完整、自我界線清晰的。也就是說，成年人的基本特徵之一，就是為自己的想法、需求、感受、情緒負責。這是屬於自己，在自我的界線內的，所以要為自己負責。

然而這並不容易，我見過很多人都企圖把自己的情緒外包給他人，企圖讓另外一個人改變以照顧自己的情緒。並且他們會把自己內心的匱乏用暴力或裝可憐的形式展現出來，企圖從對方那裡得到滿足。如果得不到，就憤怒或受傷。

把環境和他人理想化也是如此。很多人其實沒有在戀愛，他們只是在跟一個可以滿足自我的工具戀愛。他們不能接受對方和環境的不完美。我有好多個案主都如此，總是期待換個環境會好一點，換個人或遇到個人也許就不是這樣了。這些都是企圖把自己的自我功能外包給環境和他人，希望藉此得到滿足。當你在抱怨對方為什麼不對你做什麼的時候，你就可以去檢視一下：你為自己做了嗎？其實那本來就是你該為自己做的。

這樣一來就會有人問：那找個伴侶有什麼用？

伴侶絕不是替代你的自我功能的工具。心理學家說，愛自己，和誰結婚都一樣。這其

實是想說，我們本身就是一百分，遇到誰都會更加地完美，只不過是一百五十分和兩百分的區別。但對於我們自身來說，都是足夠的。如果沒有伴侶，你是一百分，只是有了伴侶你會更加完美而已。

也就是**伴侶對你來說，是雪中送炭的剛需，還是錦上添花的美麗**。

你的心理，「成年」了嗎？

如何判斷自己是不是一百分的呢？當你沒有或假設你沒有一個伴侶的時候，你是否依然可以活得怡然自得？當你面對不完美的環境，工作中出現困境時，你是能自我拯救、自我突破，還是期待外在會改變？當你感覺到悲傷難過憤怒的時候，你是希望別人來為你負責，安慰你、保護你，還是可以自己照顧好自己的情緒？當你覺得活得很累，沒有歸屬感、安全感的時候，你是想拚命抓住一個人，還是可以發展出「人在，心在，夢在」的自信、「天下之大，四海為家」的勇氣、「心安之處即吾家」的安寧？

我們自我的不完整，終究是想找個人來替我們活出來。可是我們又無法全然地把自己交給他，於是我們就忐忑地交出去，然後證明、失敗、衝突。或者直接找不到這樣一個可以承包我們的人。

於是，**我們需要先成為成年人，然後才在關係中相互成長**。

成為成年人是痛苦的，不僅需要為自己負責，而且還會屢屢受挫。當我開始學做飯、摺衣服，我覺得這麼大個人，怎麼這些都不會。當我受傷受委屈、自己舔舐傷口的時候，我也會想到為什麼沒有一個人可以給我安慰。這就像是小時候我們開始學走路、學穿衣一樣，會跌倒，會穿反，我們會討厭自己的無能，期待媽媽可以替我們去完成。但終究我們還是自己學會了，並一生受益。

你依然可以去找一個人去替你活出你的自我，把你的自我功能承包給他，只不過這就像是你媽媽扶著你走一輩子，替你穿一輩子衣服一樣。你的生活是更加痛苦和無趣的。因此成長之痛雖痛，我們依然要去經歷，這是早晚的事。當然，也有人一生都磕磕絆絆、吵吵鬧鬧，當了一輩子的半個人，始終沒有獨立。只是我會覺得獨立的天空，更加自由和美麗。

成年人的世界非常美麗。你會發現，**當你不需要把自我功能外包給另外一個人，你才開始去欣賞這個人**。之前你都是把對方當成了滿足你的工具，你的索取、付出都圍繞著他如何給你。你開始真正看見對方是個人，有不完美和脆弱，甚至你發現那些不完美和脆弱的存在組成了獨一無二的他。這就是真正的愛一個人的存在本身，而不是愛一個被你理想化的工具。

我的那段關係過去那麼久後，直到現在，當我驀然回首，我發現作為一個人格獨立了很多的男人，其實我是喜歡年輕漂亮的女孩的，有滿滿的愛想去給予另外一個人，而不是再想從別人那裡拿到什麼。

兩個成年人的相遇是美麗的。因為我們本來就是兩個個體，融合、分開。我們彼此平等，自我界線清晰，又相互扶持、擴充。

有你的時候，我更加美麗，心懷感激。

沒有你的時候，我依然完整，安然存在。

成功的戀人和成功的父母是一樣的

一個好的戀人，會知道對方需要什麼、經歷過哪些傷。

戀愛裡的「不懂我＝不愛我」

常聞在親密關係裡的挫傷和失敗，都來自於「你不懂我」而做出的「你不愛我」的結論。

在伴侶關係裡，人們常常對對方有個期待：就算我沒有告訴你，我也希望你可以知道我想要什麼，並且能夠主動滿足我。當這個期待得不到滿足，他們就會做出形形色色的舉動來證明愛，或者放棄愛。

比如我的一個案主，她離婚時，問了丈夫一句話：「你到底愛過我沒有？」丈夫堅定地告訴了她：「不愛你怎麼會娶你呢？」於是她難過地離婚了，覺得從來沒被愛過。

比如我見過的很多新婚夫婦的爭執。男的覺得我為家賺錢，付出了那麼多，女的一點都不理解，而覺得心涼。女的覺得男的過於冷漠、不管不顧，只知道忙自己的事，覺得自己不被對方所愛。

比如關係裡有人生病時，他會期待對方可以主動倒水，主動關心他等，但是伴侶沒有這麼做。當他要求對方這麼做的時候，伴侶也會照做，但他還是會感覺很不好。比如有的女生希望男生主動做些什麼，但是男生沒有。情感專家會建議「你想要就去要啊」，女同學們還是覺得要來的沒意思，認為那不是愛。

比如熱戀中的男女在「今晚吃什麼」、「情人節有沒有送花」等問題上數次爭執賭氣。男生的木訥和不解人意能讓女生目瞪口呆，女生的雞蛋裡挑骨頭和繁瑣也讓男生瞠目結舌。所以他們才吶喊出「你若懂我，該有多好」、「我並不在乎物質，我只想有個人能懂我」的呼聲。

剛開始學心理學的時候，我覺得這些人都有問題。因為他們活活地把愛情給搞沒了，他們沉浸在自己的世界裡，單一化了愛的管道，固執地用自己能接受的方式來索取愛。後來我幫助他們打開了愛的管道，他們看到了愛其實一直都在，不必證明，只是自己被蒙蔽了雙眼。比如我前面說的案主，當我給她做了一小段時間的諮商，她悔不當初。在她的世界裡，愛不直接表達，就不是愛；而在她老公的世界裡，愛說出來要比做出來難一百倍。

當童年的「不被愛」，被複製到親密關係裡

我們都把自己從原生家庭裡帶來的模式和缺失放到了親密關係中，於是每個人都學會了不同的付出和表達愛的方式。當這個方式有差異——而且通常差異是必然的——的時候，他們之間就有可能產生衝突。

很多人小時候因為各種原因，比如父母忙碌、孩子較多等原因，沒有被足夠地關注，就會導致連自己都不相信自己是值得被關注的，而不斷想從伴侶那裡獲得關注，不斷索取和證明自己是被重視的、被關注的。一旦他得不到，就像當年覺得父母不愛自己一樣，覺得伴侶不愛自己。

因此某種程度上說，我們找到的伴侶，就是找到的另外一個父母。心理學家說，我們長大後和他人的關係，都是在重複早年和父母互動的模式。親密關係作為人際關係的升級版，尤為如此。當年我們怎麼體驗到「不被愛」的，我們就會從伴侶類似的行為中體驗到同樣的不被愛。

當這些人來到心理治療室，心理師會對來訪者做一個評估：他們的父母在他們童年時沒有做什麼？哪些是好的父母該做的事情，而他們的父母沒有做的？比如小孩子應該是被重視、被無條件接納的、安全的、被讚美的、被認可的、被看見的、被及時滿足的。如果他們的父母沒有做，這時治療師就需要再為他們做一次，讓他們意識到，他們是值得被滿足的，從而修通他們的經驗，進而修通他們感受愛的能力。

因此治療師們常說：成功的治療師和成功的父母做的是一樣的。成功的治療師只做兩

件事情：一，評估來訪者的父母當年有什麼是該做但沒有做的。二，這些事治療師做了嗎？所以接下來很常見的「移情」就會發生：來訪者很容易愛上治療師。

你不能說這種愛情是假的，他是來訪者身上切實的感受。愛就是這樣一種滿足感，你感受到和另外一個人在一起的時候，全身都被點亮了一樣，心裡暖暖的，因為有了另外一個人，整個世界也變得有意義起來。

基於這些原因，一直感覺不被愛的人可以找治療師來做修通。但是，如果這些人沒有機緣來到治療室，他們是否就活該被情感傷害呢？當然不是。既然治療師可以做，真正的戀人為什麼不能做好這些從而自行維護感情呢？

身為戀人，你能怎麼做？

在愛情中，把握好治療師能做的那兩件事情，你就是個好的戀人。

你要去知道你面前的這個人，他經歷了哪些傷、哪些缺失；哪些是他從小就沒有得到，但卻一直都需要的。

心理學家普遍認為，人的心理在發展過程中，相應的心理需求沒有得到滿足，就會被一直延續下來，在其他客體身上尋求滿足。那個最靠近他的戀人就會首當其衝。因此你需要知道，這個伴侶缺了什麼、需要什麼，當他與你產生衝突，他必然是在以他的方式索取他需要的心理營養。那是他變相的小時候哭喊的信號。

對於父母來說，並不是每天二十四小時陪伴和滿足孩子才是好的愛。依戀理論認為，小孩子並不需要父母每天二十四小時的陪伴和滿足，只要在他需要的時候，母親可以出現並給予他就夠了。

我有一個案主，她對伴侶極度不信任，占有欲又非常強，需要伴侶時時陪著她才安心。不在一起的時候，訊息要秒回，要天天打電話發簡訊才覺得自己是被愛的。我們探討到她的幼年時，她談到經常不敢睡著，因為一旦睡著了，醒來就會看不到媽媽。她使勁哭，哭了好久，媽媽才會滿身怨氣地回來。

我們的常識告訴我們，小孩子睡覺醒來第一件事就是找媽媽，在確認媽媽的存在後他才覺得安全。當他找不到媽媽，就會頓時覺得世界不安全了起來，好像自己被拋棄了一樣。這個案主就是這樣，她無法自行確認媽媽的存在，所以長大後對伴侶的陪伴和在視線可控範圍內的需求就很強。我給她做干預的時候，幾次都會在她體驗到自己被拋棄時，給予她「別怕，我在」的訊號。其實她男朋友如果能夠多一些耐心讓她意識到「別怕，我在」，她的這種占有欲就會降低很多。相反地，她男友一直不耐煩甚至不願意回訊息，經常有意無意地躲避她，這只會增加她的不安和被拋棄的感覺。

因此，好的戀人要做的第一件事就是：知道對方需要什麼，並準備好給他。

實際上她媽媽也不需要每天二十四小時陪伴她，完全可以在她睡著後該幹麼就幹麼去。問題就是：你要預知到小孩什麼時候醒，並及時回來。這就說到了另外一個關鍵點：敏感性。

一個敏感的媽媽是能覺察到孩子需求的，往高級了說，就是「連接」、「心有靈犀」。媽媽會下意識地看看孩子在不在身邊，確認他的安全，會隔段時間就想看看孩子怎麼樣了。她能及時地意識到孩子此刻需要什麼。當孩子還沒有學會說話，她就知道什麼時候該餵食，什麼時候該抱抱。只要孩子發出一個小小的信號，她就知道該去滿足他了。

在愛人之間，是有這種敏感性的。母親對孩子的愛很明顯，熱戀中的愛人也是如此。熱戀中，你能及時覺察到對方需要的是什麼，並願意去滿足。愛久了也是如此。你看那些多年的親密夫妻就具有這個特點，他們眼神一動，就知道彼此在想什麼，需要什麼。結婚的時間愈長，愈懂得彼此的眼神。

我課堂上的一個學員就曾說：「我老公一回家，我看到他的背影，就知道他今天心情怎麼樣，大概發生了什麼事。」實際上這種敏感性是可以而且很容易做到的，只是需要你真的去用心培養。

用心的基礎是——你愛他嗎？你願意走進他嗎？

當你不願意走進他，就會去責怪伴侶：「你不說，我怎麼知道呢？」其實他不說，你也是可以知道的。知道的途徑有很多，比如利用你的敏感性。他自己告訴你，只是最偷懶、省力的知道方式。

敏感性就是你知道了對方需要什麼，並在適當的時機去滿足對方。再比如當伴侶覺得不安全的時候，你要告訴他你一直在。當對方感受到不被愛的時候，你要向他展示你是一直愛著的。在對方需要的時候，表達出的愛是事半功倍的。因此，我們也有理由說：維護愛情，往愛箱裡存款，並不需要做太多事，也不需要消耗得自己精疲力竭。你只需要在對的時候，做了對的事就夠了。

所以我依然有另外一個結論：知道對方是怎麼想的，完全是可能的。很多情感專家教育說不要把對方當成你肚子裡的蛔蟲，能知道你怎麼想，能知道你要什麼。如果媽媽可以知道孩子怎麼想、要什麼，心理師可以知道病人怎麼想、要什麼，作為無比親密的戀人，有什麼理由不知道？所謂的不知道，大抵只是不想知道，不想走出自己的世界，對對方保留一定的埋怨和指責。實際上當你真的很愛一個人，你會願意走出自己的世界，真正去理解他和他的缺失，並且願意滿足他。

我相信愛是可以超越價值觀的不同的。

當然，這並不是我們苛求另一半的理由，當他沒有意識到你的心理需求，不具備敏感性的時候，並不是他不愛你，只是他沒有學過如何去愛。他是一個愛人，但卻不是一個成功的愛人。我們這裡所謂的成功的戀人，是和成功的父母一樣，做的事是為了促進彼此關係和諧，能夠促進對方成長的人。

如果你的伴侶不是一個成功的戀人，你可以：先成為一個敏感的戀人，覺察他童年、幼年缺失的心理營養，教會他敏感，如何去愛。

很多人還會計較：我不是你的媽媽，我只是你的愛人。你媽媽欠你的，不該我還。道德上來說，無可厚非，你不該承擔這些。但是實際上，他媽媽欠他的，他媽媽不還，他的心理師不還，只能你這個戀人來還了。誰讓你要愛他，跟他在一起呢？

需要別人是一種能力

我們有太多沒有被滿足的經歷。
於是恐懼，於是不相信自己可以被滿足，而用推開的方式來表達自己。

隱藏在憤怒背後的「我需要你」

身處這個時代，總是會有很多自己不理解的表現。比如說，我們會把和諧留給陌生的人，把憤怒留給親愛的人，把悲傷留給自己。

我們時常會對親密的人、在意的人苛刻至極，對他們有很多變態和非變態的要求，當他們做不到，我們就開始歇斯底里，開始憤怒、抱怨，繼而冷漠、絕望。

比如我們會要求對方秒回簡訊、隨時關注自己、為自己做某件小事等。記得以前我對女朋友就這樣，她如果沒有即時接我電話，我就會一遍遍地打，同時開始積壓情緒，等

到她接起的那一剎那，我的情緒就會爆表。後來從事心理工作，慢慢知道這是一種普遍現象：有的人會抱怨伴侶工作忙太少陪自己，不夠關心自己，有的人會大罵伴侶為什麼不在大清早送自己去火車站。在他們看來，自己是在用生命吶喊，總覺得對方為自己做得不夠，對方卻直接忽視了自己的吶喊，繼而更加生氣，直到沒氣可生，只覺得這個人其實毫不在意自己。

有時候我們也會對自己充滿鄙夷，覺得不該這麼對待親密的人，不該如此折磨深愛自己的人，但是又控制不住。當對方不能滿足自己某個需求時，情緒又開始爆表，最終又陷入了「苛刻→憤怒→自責→更苛刻→失望→絕望」的循環。

對親密的人發火，無理地胡鬧、折磨、苛刻，我想是很多人都有過的經歷。當你憤怒的那一剎那，你應該停一下，去聆聽自己的憤怒，憤怒其實是一種強烈的需求：我對你憤怒，是因為我想從你那裡要，想從你那裡拿走一些東西，以得到滿足。

我有多憤怒，其實就是有多需要你。需要你在我身邊，需要你陪著我，在意我，關心我。我對你發這些火，只不過是想指責你為什麼沒有做到。

但是，用憤怒和抱怨表達的結果卻常常適得其反。憤怒就像閹割一樣，會讓對方產生很強烈的無力感，他會覺得做什麼都是錯，進而什麼都不想再做，即使想去做也會感到力不從心。抱怨會讓人產生很強烈的淹沒感。被別人抱怨的時候，會感覺到自己做了多少都是零，被盯著的永遠是沒做到的部分，即使做了三十、六十分，只要沒有達到對方的一百分，都被定義為零，繼而產生了做什麼都白做的感覺，像是被吞沒了一樣。

為什麼我們無法表達需求？

人類是一個奇怪的物種，既然如此需要被愛、被看見，為什麼不能直接表達出「我需要你來關心我、愛我」，反而要用一種反面的、推開的方式來表達呢？

我很需要你，這是一個事實，卻又很難說出口。「需要」這個詞，給人帶來的最原始印象，就是弱者才需要別人。一旦我承認了需要，就意味著「我比你低」，這豈不很危險嗎？於是自尊心上就受不了。

有的人會覺得，如果我開口表達我的需要你才滿足我，那你並不是真的想滿足我，你只是出於某種義務或不耐煩才做的，索要來的就沒意義了。那感覺像是一種施捨，好像我在乞討你的愛一樣，即使我得到了愛，也沒有尊貴感。其本質就是不安全感：如果我不能在心理層面上比你高，我就是危險的。

我需要你，也意味著你可能不滿足我。當我需要你而你卻不滿足我的時候，我的自尊心就會受到重挫，我害怕你拒絕。於是我不能直接要，我只有透過憤怒的方式來讓你知道，你做錯了，需要改正，好滿足我。或者透過假裝不需要來告訴自己：I don't care。

再深一步，我需要你，那麼你就掌控了我。從進化心理學的角度來看就是：你掌握著我的生存資料，掌握著我生存的權利。這就是很可怕的一件事了，你掌控了我，萬一你拋棄我怎麼辦？你傷害我怎麼辦？這不是很挑戰我的原始安全感嗎？

這是極深的恐懼感，而我們習慣用來面對這種恐懼感的方式，就是進化，讓它變成憤

怒。

憤怒是一種保護，會讓人感覺自己強大一些。憤怒的人，都是企圖用情緒來壓迫對方。因此從感受上來看，憤怒是把自己抬到了比對方高的位置以自保。憤怒是防衛恐懼的方式——透過反向的形式。

如果我們看到了自己或別人的憤怒，一定也同時看到了恐懼。剝開憤怒外衣的時候，被拋棄、被傷害的恐懼就會呈現出來。

有的人連憤怒都進化不出來了，就直接跨越到絕望，發展出一個合理化的信念，進一步安慰自己：其實我不需要，沒有這些我也可以過得很好。沒有人有義務滿足我，我只能變得更強大，一切都只能靠自己。

人們之所以會恐懼，是因為不相信自己可以被滿足。

因為我們有太多沒有被滿足的經歷。但事實上，也沒有人可以完全滿足、理解、重視另外一個人，總會有照顧不到的時候。被照顧到內心感受是一種間斷性強化的過程，間斷性強化最能強化人的核心信念。

間斷性強化就是有時候能滿足，有時候不能滿足。比如說賭博，有時候能贏，有時候不能。正是這偶爾的強化，才讓人欲罷不能，並想每次都贏。假如從此機率真的為零，人也就真的放棄了。被滿足也是這樣的，你所在意的人有時候能滿足你，有時候不能，讓你產生了「他是可以滿足我」的感覺，繼而讓你想要每次都得到滿足。與賭博相同的是，每次得到強化，你就會小小高興一下，如果沒有得到強化，你就會啟動各種防衛機制：憤怒、抱怨、假裝不需要。並且你覺得這再次驗證了以下真理：沒有人真的完全在乎你，沒有人可以完全滿足你。他們終究會忽視你。

這是一種很深的不值得感：雖然我在要，但是我不相信自己值得被滿足。

如果你去審視自己的內心，會發現憤怒與抱怨的背後，有一種徹頭徹尾的絕望感與孤獨感。一種難以言表的壓抑和悲傷，無處安放，不能流淌，不可言說。

人們在親密關係中的痛苦其實就是：我內心深處並不相信你能滿足我，但是我還是想問你要。結果就是當你真的不能滿足我，我就很生氣。

這是很典型的投射性認同。你把自己不值得被滿足的部分投射出去，每當他滿足了你，你就小高興一下，或者自動化忽視掉。每當他沒有滿足你，你就驗證了這一信念：看吧，我就是不值得被滿足的。你會完全忽視他曾經滿足過你的部分，而只盯著他沒滿足你的部分，成功地讓自己陷入悲傷。

投射就是你只能看到自己內心有的部分。人們內心本來就有一種對自己無能的憤怒和絕望，和對於不能自我滿足的悲傷。為了應對這種悲傷，就以憤怒的形式投射出去，要別人來滿足。

我們需要別人。

真正的強大是「我表達需求，但不會受傷」

並不是只有親密關係才這樣。我們對於身邊親近的人，都會如此重複這個模式。而我所理解的內心感知到的自己強大，有四個層次：

一種是憤怒。憤怒真的讓人看起來很強大，理智上我們知道憤怒其實並不是強大的表現，但從感受上來說，憤怒的時候，我們避免了自己顯得比別人低，借此完成了讓自己心理變強大的過程。

一種是假裝不需要。當我得不到，起碼我可以告訴自己說我其實不需要。也就是酸葡萄效應，吃不到葡萄要說葡萄太酸、我不喜歡吃。這樣我就可以拿回主動權，不讓自己顯得比別人低，以表現出我的內心其實很強大。

一種是修行到不需要。很多心理學家、靈修學家、雞湯學家都在告訴人們：你可以先愛自己，你完全可以自我滿足。於是更多孤獨的個體開始自我修練：我自己滿足自己就好了，不需要你。理論上來說這也是可以的，但代價似乎有點大。

一種就是坦然地表達需要別人。我所理解的真正強大，是要有需要別人的能力的。向對方表達需要，並不意味著自己比較低等，更不意味著我就失去了自我或者沒有尊嚴。我只是承認我在某些方面的確無能，是需要你的。

就像我去餐廳點菜，此刻我沒有能力和條件做飯，需要餐廳給我飯菜，同時我不覺得我因此就比你低等了，因為我堅信我對你有其他付出也讓你很滿足，我們是平等的。當我表達需要的時候，我也不強迫你滿足我，你可以說對不起本餐廳今日沒有該菜，那我換個菜或者換個餐廳就好了，而不會大吼你為什麼居然沒有這個菜?!你平時不是都有的嗎?!

一個看起來強大的人，會自己在家做飯，他有足夠的能力不依賴餐廳。但是，我還是會覺得，時常去餐廳生活會更愜意、更自由。

需要別人與依賴別人不同。依賴就是完全不相信自己有能力，也不會行使自己的能力，而是交付給對方來滿足。依賴會形成強迫，你不滿足我，我就很受傷，容易絕望。需要則是，我選擇表達，這是我的事，你能否滿足，就是你的事了。但我不會因為不確定你是否能滿足我而不表達需要，更不會因為我有很多沒被滿足的經驗就任意下判斷，說你不能滿足我。「All I need is you」的心態，就是一種典型的依賴。

依賴就是「我不行，你來替我做」；而健康的需要是：「我也努力，你陪我一起。」

其實很多衝突，尤其是親密關係的衝突，都來自我們不能直接表達自己的需要，甚至是不能覺察到自己的需要。我們太習慣不表達需要，因為表達需要就意味著受傷、被人拒絕、不被滿足、沒面子。

真正的強大就是，我表達需求，但我不會受傷。有表達就有不被滿足的機率，表達本身就是一場賭博。得到很好，失敗也無須覺得受傷。

人們對於心理營養的很多需求，從他人那裡得到滿足要比自己創造容易得多。我需要空氣，有三種方法來解決：開窗，但這是危險的，會帶來霧霾、噪音；自己製造空氣，好累好難受；告訴自己其實我不需要空氣也可以活，然後練習屏氣大法。

我會覺得真正的強大，是選擇開窗，允許空氣和傷害同時進來。但是我的房間和身體都足夠強大，能夠抵抗霧霾和噪音的傷害。這也來自於自己的信念：我不需要把外面霧霾和噪音的傷害，放大到致命的地步。

當我們能夠坦誠表達「此刻，我需要你」：如果你方便就滿足我一下，如果不方便，就下次再滿足我；我需要你而不是依賴你，這樣我們的關係就會和諧很多。這就是一致性溝通。當我需要，我就表達需要，而不是憤怒，或者假裝不需要。

沒有壓力的需要，是有利於關係的。如果你能滿足我，我相信你會去做的。當你不能的時候，我不再因為你曾經能就認定你每時每刻都能。我相信我是值得被你滿足的，當你沒有滿足我的時候，我相信這不是因為你不想，而是你的覺察能力、精力、意識範圍都有限。因此，當你做到了，你會有成就感，我也有滿足感，這就促進了我們的關係。

我也會盯著那些你曾經滿足我的部分，來強化自己值得被滿足的這個信念。就像是我去餐廳，我覺得我自然可以點那道菜，即使今天沒有，我也相信它下次會有。

表達的另外一個意義就是，讓別人更容易理解你，也就可以更容易滿足你，而不是告訴他「我對你憤怒是因為我需要你」，要求他腦子轉三個彎才可以理解你。

進一步的和諧就是：我表達我的悲傷，分享我內心深處的孤獨、脆弱和無助。當我能一致性地剝開我的感受並向你表達，我表達的感受愈深層，我們的連接就會愈深。也就是：我把悲傷留給你，讓你來懂我，就不會再有憤怒。

最後，謹防把需要變成依賴。有自我的需要和沒自我的需要，動力完全不一樣。有自我的意思是：我需要你來支援我，幫我解決這一大困境，但就算你不支援我，我自身的系統也能獨立運作。

我就是喜歡你對我發脾氣時的樣子

我知道你在我面前發脾氣，是因為你相信我一直都在，不會離開。

發脾氣是可愛的

對親近的人發脾氣，我想是這個世界上最可愛的事之一了。有個你親近的人願意跟你發脾氣，也是件很幸福的事。

把脾氣留給親愛的人，把客氣留給陌生人。我見過很多這麼可愛的人。我喜歡那些願意在親密的人面前發脾氣的人。

人在發脾氣的時候內心最脆弱，也最柔軟。看古時候打仗，如果一方的軍隊傾巢而出，那麼他的大本營一定是虛空的。關羽就是這麼失去荊州的。看很多對抗比賽也是如此，一個人在進攻時，也是最容易被打倒的時候，因為那時候他最脆弱。

人也一樣，當一個人把全身的能量都集中在攻擊上，他的心一定是最軟弱的地方。如果你能繞開他外面的攻擊，看到他的心，一定會發現那裡此刻沒有任何防備，軟得讓人心疼。有時候親近的人發脾氣讓我們害怕，是因為我們看不到他內在的柔軟和脆弱。

人沒有受過發脾氣的訓練時，最可愛。就像一個沒有受過訓的戰略家，他派出全部的兵，徑直而下，沒有後路，沒有防備，沒有遮掩。這時候你只需要拿出一點點的精力去看看他的心，你就能得到它。

生氣背後，隱藏著委屈、受傷和害怕

人生氣的時候，會氣得發抖。本質上，那是恐懼，是因太害怕而戰慄，像一隻受了驚嚇的小鳥一樣。當人在害怕時，不相信有人能保護自己，害怕就會轉化為憤怒以保護自己，人就會成為憤怒的小鳥。你回憶一下自己生氣的時候就會發現，除了氣得難受外，底下還壓抑著很多細細品味才能感覺到的恐懼。

人在生氣的時候，內心也體驗到了很多委屈和受傷，覺得自己被深深傷害了。也許從道德與道理上講，你不該委屈，也沒什麼大不了的，沒什麼好生氣、好受傷的，但那一刻你就是體驗到了委屈和受傷，那感覺真實地存在著。你覺得無辜和絕望，那一刻你受到了傷害，所以你奮起反抗。

沒有人願意主動當侵略者，除非有足夠的誘惑。如果不是為侵略而發脾氣，那一定是

因為感受到了受傷而反抗。雖然傷害不一定真實存在，但你就是真實地感受到了委屈。

客觀上發生了什麼，我並不關心。我只想關心此刻你的內心，感覺怎麼樣。當有人願意看到你的委屈的時候，我相信你的脾氣，就沒這麼劇烈了。

我知道當你發脾氣的時候，其實你只是想掩飾自己的委屈和受傷。你那劍拔弩張的外表下，有個受傷的小孩，他非常害怕，他蜷縮在角落裡，沒有人看見他，沒有人重視他，沒有人關心他，沒有人問過他：你還好嗎？

於是你學會了「人不能脆弱」、「人不能無能」、「人不能低頭」。你排斥那個脆弱的自己，所以你從來不讓他出來，你漸漸學會了用反抗的方式保護自己。用外表的強大來掩飾自己受傷的內心，因為你不相信那個受傷的自己是值得被安慰的。

其實這只是你的恐懼，你學會的都是假象，是你小時候的經驗。當你受傷，你可以直接說此刻你很受傷。當你委屈，你可以直接說你很委屈。當你害怕，你可以直接說你很害怕。

你可以嘗試以下這三種表達，看哪個效果會好一點，讓人更舒服，更有利於關係的建設。雖然每種都有失敗的可能性：

- 這都是你的錯，都是你不好，你不該這麼那麼做。
- 我對你很生氣，我對你很憤怒，我對你很不滿。
- 我覺得很受傷，此刻我很委屈，我很難過。

這就是一致性表達。更加真實地辨識自己的感受，然後去表達它。

憤怒只是在表達需要

當你發脾氣的時候，我知道你那個受傷的小孩在需要我，在呼喚我。但是你沒辦法直接表達需要，所以你就拐了個彎來表達。

我知道你很多時候都不能直接表達自己的需要。我理解你，因為直接表達需要，會讓你感到自尊低、沒面子。直接表達需要會讓你覺得欠了我。你從內心深處也不相信自己是值得被滿足的。這些我都看得見。

你既需要我的安慰，又不能直接表達需要。所以你那偉大的潛意識自動選擇了用生氣的方式表達需要。人太需要一個人的時候，又怕被他發現自己需要他，就會以一種推開他的方式來表達需要。

那一刻我知道你很需要我，就像找不到媽媽的寶寶，他受到了驚嚇，哭了很久卻沒人理。當媽媽回來的時候，他就開始邊哭邊責怪媽媽，甚至用他的小手打媽媽：你去哪了？你為什麼亂走？你不是個好媽媽！

我不會先去解釋我為什麼不在，更不會去反過來衝著他發脾氣說：「你怎麼能夠打人呢？」「你脾氣怎麼這麼差！」我只想抱起這個寶寶，告訴他，我一直都在。

發脾氣，是一種求愛的方式。發脾氣的時候其實是在說：求求你，給我一點愛。當你的需要被滿足的時候，你的脾氣就自動停止了。

發脾氣是因為對方讓他感覺很安全

人在發脾氣的時候其實就是退化成了一個小孩（編註：退化指當主體遇到逆境時，放棄已經學到的成熟技巧或方式，以原始幼稚的方法應付當前情景，以降低自身焦慮的心理學行為）。發脾氣其實是在說：我此刻沒有能力為自己負責，我需要你為我負責。這其實就是小孩對媽媽的態度。

退化，只會發生在安全的環境下。環境愈安全，人就會退化到愈早期。如果你遇到一個脾氣非常非常好的人，你能一次次試探他，然後你會退化到嬰兒期，看到自己跟嬰兒一樣貪婪、自私和哭鬧。這就是因為我們覺得這個對象是穩定且安全的。如果一個人從來不在我面前發脾氣，我會覺得他從來沒有真正信任過我，把自己交給我過。

你在我面前發脾氣，因為你相信我一直存在，不會離開。你覺得我對你是安全的，所以你相信我，願意把自己的需要交給我。

撒嬌就是一種退化，發脾氣也是一種退化，它們都是在表達需要。只不過兩者的表現形式不同，但本質卻相同。

小孩子有種撒嬌方式，就是邊哭邊擦著鼻涕、嘟著嘴，有模有樣地說著狠話，我覺得很可愛。所以當你發脾氣，我知道你只是在撒嬌。那一刻你不是外面那個風光無限、懂事能幹、風度翩翩、知書達禮的你，那一刻你只是個撒嬌要愛的小孩。

在關係中，你會發現無論男人撒嬌還是女人撒嬌，其實都很可愛。

當你說著難聽的話，我不會受傷。我知道你只是在表達你的需求，並非在指責我不好。

小孩子生氣時，都會有幾句「你是個壞媽媽，我再也不想理你了」之類的話。如果這個媽媽很需要被表揚、被認可，自身帶著創傷沒有被修復，她就聽不得孩子說這樣的話，會覺得這是個忘恩負義的孩子：我供你吃、供你喝，你居然否定我，說我是壞媽媽。實際上，這時被孩子激怒的媽媽，也退化成了小孩子，他們只不過是兩個都想把對方變成媽媽的孩子，說著同樣的話：

一個說，你應該滿足我，應該表揚我；一個說，你應該滿足我，應該照顧我。

我並不會認同你的否定，因為我知道我是個好媽媽。我知道你這些話並不是針對我，你只是要用狠話、難聽的話來引發我的注意力。你需要的並不是打敗我，而是讓我看看你的傷。因為你的潛意識很清楚，說難聽的話比好好說話更容易引起另一個人的重視和關注。

當你成為孩子的時候，我不想和你一起退化。我想當一次大人（媽媽），配合你退化。因為我愛你。

當你需要我的時候，我想滿足你，而非同時表達「憑啥啊，我還需要你呢」。

我喜歡發脾氣時的你，它讓你如此童真。你那張成熟、滄桑、美麗的臉龐下，是你願意對我呈現你孩子氣的一面。我喜歡那個孩子時候的你。

我也喜歡不發脾氣的你，你的成熟、睿智、知性，可以侃侃而談，風趣優雅。你拿這部分對待過別人，也對待過我。我喜歡那個大人的你。

我也喜歡允許我發脾氣的你，當我受傷、退化、需要你的時候，我會責怪你為什麼沒有照顧好我。我喜歡你能透過我的吼叫看到我背後的傷，並且告訴我你看到了我，願意愛我。我喜歡那個可以給我當一次媽媽的你。

每個人都是成人、小孩和父母。只有親近的人，才能看到全面的你。陌生人，只配看到你那成熟友好的一面。

有人說，那對陌生人發脾氣呢？對同事呢？如果你願意感受一次對陌生人和同事發脾氣，那一刻你看似在嫌棄他，實際上你們的心理距離是被拉得很近的，你們有了很深的連結。你的內心深處很需要他照顧一下你，這點是一樣的。

真正的傷害，是不發脾氣、扭頭就走的絕望。發脾氣是因為有期待、有需要，想建立更好的關係。這難道不是在赤裸裸地求愛嗎？

我喜歡發脾氣的你，因為我看到了你需要我，而不是在否定我或拋棄我，而我願意滿足你。

讓一個人不發脾氣的方式，不是制止他，讓他壓抑自己；而是看到他，然後滿足他，或者告訴他：很遺憾我現在滿足不了你。

我不想讓你壓抑自己，因為壓抑會讓你更加遠離我。當然，如果我不想愛你、不想滿足你是另外一回事。但我不會指責你，說你不該向我求愛。

批評是一種索取，表揚是一種付出

世間所有的批評，都是對愛的渴望。

總有些人對於表揚運用得過於羞澀，總是再三斟酌其言，難以直截了當地表達；而對於批評卻用得爐火純青、張口即來、無處不在，大有劈頭蓋臉之勢，其嫻熟程度讓人瞠目結舌。

我的很多訪客都向我表達過這種抱怨：他們的伴侶總是批評他們，責怪他們，從來都看不到他們好的一面，他們很是苦惱。然後我就會問：「那你有看到他好的一面嗎？」他們會很自然地說，有啊。

這時候我就會問：「那你有向他表達過你的讚揚嗎？」

我收到的很多答案都是「沒有」或「很少」。那些回答「有」的人，我就會再讓他們詳細描述一下他們是怎麼讚揚別人的，然後我會發現他們讚揚得很「努力」，要有意識地調整自己的語言，才能說出「你好棒」、「你真厲害」之類的話。感覺像是在哄小朋友一樣。我也會讓他們回憶伴侶做得好的地方，他們會用「讓我想想」之類的開頭，需要一定的反應時間才能想起。但是當他們回憶對方做得不好的地方，卻如數家珍，信手拈來。

總之，批評的時候非常容易，表揚的時候卻要非常努力。

批評是索求，表揚是付出

批評是一種索取，而索取是一件很容易的事情。

我們對於一個人的批評，實際上是在說：你現在做得不夠好，你應該做得更好。而好不好是憑我的感受說了算的，你做得讓我舒服了才叫好，你做得好了就可以滿足我了。

因此，我們批評一個人的時候，實際上是在說：我想要你做些什麼，來讓我舒服點。

為了避免這種直接索取激發出我們內心的羞恥感，以顯得我們並不是那麼自私，我們就需要用各種道理來偽裝，用對錯來衡量，好讓我們感覺自己並沒有那麼邪惡。但這時候你會發現一切的道理，都是圍繞著爭取自己利益服務的，都可以隨著自己的得失而隨時改變。比如我們線上課程裡這兩個人的故事：

某女，當她和老公發脾氣時，她會有這樣的道理：男人應該理解女人的感性和無理取鬧，不應該用男人理性的思維來看待女人的感性。但當她老公對她發脾氣的時候，她就

會用這樣的道理：啊，你這麼凶幹麼，你都對嗎？我就一點對的地方都沒有嗎？你這簡直是無理取鬧！這時，她又要用理性來評判此刻男人的感性是錯的，是不應該對她發脾氣的。

某男，當他和別人產生衝突時，他就會責怪身邊的人：你怎麼不來幫我？看別人有困難不是應該主動幫忙嗎？但是當他在做事情被別人打斷了，他的道理就是：不關你事就不要亂插手！

喏，想要批評一個人，你會有一萬個理由來成功為自己的情緒辯解。因為這些理由和情緒的目的，都只是為了向他人索取好照顧自己的感受。

批評的潛意識語言是這樣的：我是弱的，你是強的。你要來照顧我這個弱的。批評的目的就是讓自己感覺舒服。

表揚是一種付出，匱乏的人是根本給不出來的。

無須對人表揚的時候硬說出表揚，就會顯得世故、虛偽、做作，讓人感覺難受。因為你在違背自己的心，為了表揚而表揚。而真正的表揚應該是這樣的：我發自內心地欣賞你的美，由衷地把它說了出來。我能發現你做得好的地方，並且願意表達給你。我欣賞你，而不是覺得那理所當然。我感激你，而不覺得你天生就應該。你有不完美，但這並不影響你有很好的地方。

就說說前面這個女主角。我們可以發現當老公跟她發脾氣的時候，是想要努力跟她理性溝通的，卻遭到她頑固的感性脾氣的頂撞。而當他理性溝通失敗，升級到感性層面，轉而使用情緒溝通的時候，卻又被她用理性的對錯標準所反駁。

理性的表現就是對錯，感性的表現就是情緒。這個老公起碼在努力想盡各種辦法溝通，維護關係。這就是值得表揚的部分。敏感的人會說，那女生也在努力溝通呀！是的，他們兩個都在努力溝通維護關係。但我們常常掉入這樣的邏輯裡而不願意去表揚別人了：我們表揚一個人，就好像否定了自己一樣。

所以我們不願意表揚別人，是因為潛意識裡我們不願意承認自己做得不夠好。

當一個人受到表揚，他的內心就會獲得極大滿足感。他的自我價值感會瞬間得到很大的提升，覺得自己很棒。因此表揚，就是為了滿足別人。表揚是會讓別人感覺舒服的。這就是一種付出。

因為看不起自己，而總是在批評

到此如果你認同我的觀點，那你可以試著多一些付出，少一些索取，這會更有利於關係的維護。但叢非從是玩潛意識的，不想說到這裡就止住。我想多說一些燒腦的話，你隨興地同意就好：

世間所有的冰冷，都是對溫暖的隱藏。世間所有的批評，都是對愛的渴望。批評是潛意識裡對愛的表達。

批評是在說：我要透過打擊來削弱你，讓你顯得矮一點；我要透過顯得強大和厲害，來讓自己看起來高一點。

我為什麼要這麼做呢？因為我看不起自己。我的潛意識裡覺得「你比我強大，我比你弱小」。這樣我們的關係不平等，我就會被拋棄，因此我要透過以上兩個措施來讓我們實現心理上的平等。

平等了我們才會真正在一起。平等的愛，才是和平的愛、持久的愛、安全的愛。我想和你平等，因為我想跟你在一起。為了實現平等，就要透過這種行為來讓你看起來矮點，讓自己看起來高點。所以我要批評你。

批評你只是因為我想跟你在一起，這是我能想到的對你最大的愛。因此我不能表揚你。表揚會讓你看起來更高，讓我自己感覺更低。那我們的距離就更遠了。表揚你，潛意識裡就會覺得這是推開你。我不想推開你，所以我不能表揚你。

一個潛意識裡看不起自己的人，就會善用批評而少用表揚，來實現跟一個人在一起、在心理上有更深層次連結的願望。然而現實卻是：批評不會增進關係，反而會把對方推遠。表揚不會推遠對方，反而會拉近你們之間的距離。為什麼呢？因為對方跟你一樣，同樣匱乏。

在你的世界裡，你看不到他的脆弱，只能看到他習慣性偽裝的強大。你以為他的高度是一百二十分，而你是八十分。所以你要透過批評他，讓他降二十分，到一百分。而你要強裝一下，到一百分，實現平等。

他的世界也是如此，他也會看到你的偽裝，你的脾氣、批評、指責，看到你很強大，有一百二十分那麼多，他卻感覺自己只有八十分。因此你批評他的時候，他就感覺自己變得更低了，不得不用更激烈的方式，來讓自己看起來沒你說得那麼差——也就是給你更大的批評，更少的表揚。

他的批評，有一半是你的脾氣和指責引起的

其實這是一個惡性循環。你愈打壓削低他，他愈想裝得厲害點，看起來沒那麼差，以避免你離開他。然後你看到他愈強大，愈怕他離開你，而愈想打壓他……直到有一天，你們之中的某個人發現，無論自己怎麼努力表達愛，都沒有用。於是你或他會嘗試著用絕望來保護自己，就是在潛意識裡放棄跟你在一起的願望，也就是不愛了。

然後你會發現：我們對於不愛或不想愛的人，是沒有批評動力的，反而願意對他們說很多恭維的話以避免麻煩。

說到這裡，如果你想問：那對陌生人的批評謾罵也是愛他嗎？

是的。愛不分陌生與熟悉。你批評一個人的時候，潛意識裡就會覺得他比你強大，

你想透過實現關係平等而能跟他在一起。來回憶一下你批評陌生人的場景，咀嚼那種感覺：假如那個陌生人按你批評的改正了，你的感覺是怎樣的呢？會不會得到莫大的安慰，瞬間產生了親近感？

因此你可以換個視角。一個人批評你，只是因為——

- **他太看得起你。他已經把你放到比他更厲害的位置了。**
- **他想打壓你，抬高自己，讓他看起來跟你一樣平等，實現跟你在一起的願望。**

你不會批評那些看起來就很弱的人，雖然他們內心不一定真的弱。你會安慰他，抬高他，讓他覺得自己其實沒那麼差，然後你也會找找自己的毛病說其實自己也沒那麼好，以實現你們心理上的平等。

想和人連結，與另外一個人在一起，是人的一種本能。愛就是一種本能，只是某些表達方式常常不被人接受。

媽媽喜歡批評孩子、習慣批評孩子，也是如此。

媽媽如果在社會上感覺到自己是個弱者，在生活中時常感覺到自己的弱小，她就會把這部分當真，然後投射到孩子身上。潛意識裡她希望避免孩子發展得過快、過於強大，所以就要一直打壓他，以實現孩子離不開她的願望。

一個媽媽表揚孩子的意思就是：你長大了，你強大了。強大到比我厲害了就可以離開我。而內心強大的媽媽，才不怕表揚孩子。

很多人在說賞識教育，很多媽媽也在這麼做，但這點著實很難。我們對一個人的表揚，如果不是發自肺腑而是成了功課，就會讓人感覺不真誠。比起批評，虛偽、做作更讓人討厭。

真誠才是人際關係中讓愛流通的最大要素，真誠足以幫你建立良好親密的關係。真誠的另外一種表現就是，我想批評你的時候，我會表達我內心真實的期待：此刻我需要你來愛我。當我被批評的時候，我會表達我真實的感受：我感覺很受傷，變得更弱了。

因此，解決問題的關鍵，就是真誠。

睜開雙眼，看看真實的世界和真實的關係。他並非你幻想的那樣強大，你只是把他理想化成無所不能、不會脆弱的「媽媽」了。他也是一個小孩，害怕被批評，需要被表揚，渴望你給他小紅花。

你並非像你幻想的那樣弱小，那麼需要他的小紅花。他也會把你理想化成無所不能、不會脆弱的「媽媽」，需要你給他小紅花。

真實的關係就是：我們都沒那麼強大，也沒那麼脆弱，但我們也時而強大，時而脆弱。

第三部

我愛他——你以為優秀了，就被別人喜歡了？

理解一個人，就是把他放到他的背景裡去

從一個人的成長環境去理解他的人格，才能看到他的脆弱。於是，你也不會再去怨恨對方。

理解他人的過程，就是走出自我中心的過程，也是長大的過程，發現每個人都平等的過程。

基於你發現了每個人都是平等的，你就不會對人有過高期待，也不會對人有太失望的感覺，也就不會有怨恨。同時，你也深刻理解了他人。

怨恨的意思是：我想要，但我沒得到；你應該給我且你有能力給我，但是你沒有做。

而成人的過程就是：我想要，但我沒有得到；你應該給我，但是你沒有做。你沒有做是

因為你沒有能力給我，而不是你不想。所以我原諒你，不怨你，並且願意給你我的理解和慈悲。

我們會發現，沒有人是神，大家都有自己的無奈和悲哀。可是我們常常遲遲不願意長大，以至於把抱怨、怨恨延伸到了生活的方方面面，對伴侶、對父母、對上司、對偶像、對孩子，甚至對自己。

伴侶關係中的理解

有的人會對伴侶充滿不滿和抱怨，責怪伴侶這沒做好，那沒做好。又是沒責任心，又是不夠理解體貼。

我認識一對情侶。女孩對男孩有著還不錯的感情，卻執意要離開他，因為失望。女孩無數次問男孩：你將來想做什麼，你有什麼追求，你對人生的規劃是怎樣的，對我們的規劃又是怎樣的？男孩通常都是避而不答，或者輕聲說道：沒有規劃，以你為主。每每這時候，女孩就感到悲涼，為什麼男孩沒有一點責任心，為什麼這麼無所謂這段感情，為什麼口口聲聲說著愛，卻連把自己放進他的規劃裡都沒有做到。男孩也很痛苦，為什麼他這麼愛她，她卻不信任他，總是苦苦相逼。

我理解女孩的地方在於，她是個有追求的人，卻屢屢實現不了自己的追求。所以她需要一個人來轉嫁自己的需求，透過男朋友也有夢想這點，來找點慰藉。

我帶著女孩一起和男孩玩了OH卡（編註：一種根據「自由聯想」、「投射」原理設計出的探索心理與潛意識的卡牌工具），探索了男孩沒有規劃背後的潛意識是什麼。我們慢慢探索到，男孩不敢有規劃，不能有規劃，因為規劃是個令他恐懼的東西。女孩很驚訝也很不解，為什麼他會對夢想這麼美好的東西有這麼多排斥。

我們繼續探索OH卡，男孩呈現了他的原生家庭：在他成長的過程中，每當他有自己的想法、自己的打算，都會被強行打亂。因為他的父母會替他做各種決定，灌輸給他什麼是好的、對的，什麼是壞的、錯的，他只有執行的分，不能有獨立的思考。一個人如果每次嘗試都受到無情的打擊，就會學會乖乖地不再嘗試，時間一久，就會形成習得無助感。因此他不能有夢想，他保持了最純真的善良，也放棄了自己的主張。

探索完這些後，女孩泣不成聲。她深深感動於男孩的堅強，在如此的環境下他依然一路走下去，並且還能有一顆勇敢去愛的心。他需要的是有人陪伴他重新發展出夢想，而不是指責他沒有夢想。這和愛不愛沒有關係，這只是他的經驗導致他的思考方式如此，是他隱隱的傷。而她從來沒認真地看待過他的這一面。

為什麼她會看不到他的這一面呢？我也帶她做了OH卡，探索了她的潛意識。她很心疼父母的勞累，想給他們一個未來，辦法就是努力成就自己。因此她要設立目標，達成目標。她的經歷告訴了她：人只有規劃好道路，才能走得好；沒有規劃，只能說沒有責任心，不在乎。所以她怨男孩。

男孩也理解了她的怨，這背後有著太深的擔憂：怕自己沒有前途，怕自己是個不上進的人，覺得沒有夢想就等於不愛她。

關係的和解有時候很簡單，就是要能看到彼此內心深處的脆弱。當你能看到那部分脆弱，就不會再去怨恨對方。因為你知道了不是他不想給，而是沒有能力給；你也知道了，其實他是想給的，是愛著的。你看到了脆弱，同時也就看到了脆弱之下的愛。

而我們不願意看到這些，是因為我們用自己的經驗去理解對方，把對方當成了完全富足的人，把對方理想化為「絕對成人」，進而毫不顧及他的成長背景、他的性格特質對他的限制。

因此我常說，理解一個人，不僅僅是站在他的角度替他思考，而是把他放到他的成長環境裡去理解他的人格，理解他為什麼形成了這樣的特質，他的什麼經歷導致了他這樣。當你看到那些無奈後，你心中就生起了慈悲和愛。

正如，你會抱怨一棵小樹為什麼長得不直、瘦弱、這麼不爭氣，不好好做一棵樹。但當你發現小樹的根部壓著一塊巨大的石頭，你才會由衷地被它的頑強折服：在如此的困境下，它都能找到適合自己的生存方式，頑強地長大。

與父母之間的理解

我們和父母的關係，可能是人類怨恨的一個雛形。在小孩的眼裡，媽媽是掌握了生存條件者，因此她是絕對正確的，而且是絕對有能力的。嬰兒天生就理所當然地想向母親索取，媽媽也該有足夠的奶水和愛供給他的成長。當這個媽媽沒有滿足他的時候，他就會生出怨。

如果你去回憶和觀察，會發現很多奇怪的事被我們解讀為不愛：有的人被嚴格要求，不能有自己的主見、愛好，全部得聽家長的。有的人被忽視，因為爸媽工作忙等。總之他們犯的種種錯，導致了我們現在心理創傷不斷。

從我們的角度出發，他們的確沒做好，不是一個好爸爸或者好媽媽。一些很簡單粗暴的錯誤，他們都殘忍地犯了，剝奪了我們在敏感期該培養出來的特質，讓我們花費了大量的時間去學心理學，填補自己的缺失，或者以更大的犧牲，企圖在伴侶那裡重新獲得滿足。我們會恨父母的種種，即使你嘴上說不恨，我更願意說是強烈的道德感讓你不敢去承認這種恨。

因為真正不恨的標誌應該是這樣的：媽媽／爸爸，我同情你，心疼你。

因為你發現他們的成長經歷，決定了他們已經最優化地做到了如此。你的媽媽也曾經是個嬰兒，在她長大的環境裡，接受了那個年代的各種不幸——沒學上、孩子多、被忽視、被暴力、被控制、被各種要求，都是常有之事。他們經歷戰爭、飢荒、社會動盪，

在那個年代巨大的扭曲下他們想活下來，只有以扭曲點的心理功能作為代價。然後他們帶著扭曲的心，努力地養育了你。他們想要的心理營養，他們作為人脆弱的部分，基本上全部被忽視，沒有得到過滿足。

甚至他們中年以後，作為一個中年的男人或女人，也盡是無奈。我也是在學了很多年心理學後，回家才第一次敢跟我媽討論她的人生，她這些年的委屈、恐懼以及對於她老公的不信任。當我共情一個歷經滄桑的女人的脆弱和悲哀，我看到她默默地流下了淚，覺得很心酸。這個女人這些年活成這樣也夠拚的，她內心深處有一個沒有被滿足的小孩，從來沒有被看到過。

她無數次用控制、抱怨來嘗試發出需求的吶喊，卻一次次被孩子們說「媽你別嘮叨了」，被老公附和著說「你媽就是這樣的人」。作為一個中年女人，不能被老公理解，不能向自己的父母再去索取，她唯一的寄託可能就是想從孩子這裡獲得點什麼。她也不想把壓力施加下去，可是，人的潛意識會讓自己的需求透過各種可能性來尋求滿足，她不知道也無法控制。

當我發現她不僅是個媽，更是個女人的時候——我覺得這個女人的一生很可憐，我願意去愛她而不是再去怨她。雖然我愛她的方式不一定是靠近她、聽她嘮叨。

與權威之間的理解

我們對上司、公司、政府、權威也是如此。上司就是父母的一個象徵延伸品。我們期待著上司能做出英明的決定，為我們負責，從來不出錯。如果他做得不好，我們就抱怨。我們對他們的這些期待，就像是嬰兒對媽媽的期待一樣。但我們從來沒有想過：他們也是人，有著自己的無奈。他們和我們是平等的，大家只是角色不一樣，能力有些不一樣，但作為人的部分，我們卻是非常一樣的。

薩提爾常說：我們都是同一生命力的見證。作為人，我們百分之九十八的部分都是相同的。我們經歷怎樣的過去，就會發展出怎樣的處事方式，怎樣的人格。

因此，當你面對一個看不慣的人，對一個人有憤怒感的時候，通常是這樣的：你用自己的視角審視了他——應該很簡單就做到的事他卻沒有做。但是你把他放到他的成長背景裡去，馬上就會發現，其實他已經很努力、很認真了。

我的一個案主也是如此。她剛來的時候，我對她充滿了憤怒，她經常不理我，問話也不回答，只是低頭玩手機。這種沒有回應的對話，是很挑戰我耐心的。但是我訪談完她的背景後，頓時平靜了下來：她十分擔心犯錯，連說話都是。因此她有社交障礙，見到人很緊張，因為她不知道手往哪裡放才是對的，話該怎麼回答才不會錯。然後我就想：她是有一個控制欲多麼強的媽，才會被長期壓抑成如此膽小慎微。

用督導的話說，就是：一個獅子座的女生，被培養成了小綿羊，也是醉了。聽到這句話的時候，我的憤怒已經完全轉化為了心疼。

理解他的三個背景，就能理解他

薩提爾相信人性本善。人本來的動力就是積極向上的，我們所憤怒、抱怨、怨恨的，不過是該那麼做的他卻沒有做。實際上我們只是沒有發現，他的確是沒有能力這麼做，雖然你有時候很難理解他為什麼沒有能力那麼做，覺得他明明是有的呀。

但那也只是「你覺得」，從你的背景裡看，他「應該」是有的。你需要把他放到三個背景裡去看：

1. **童年成長背景**。他的童年成長背景是怎樣塑造了他的行為模式、人格特質和能力？他小時候經歷過什麼，這些會對他有哪些影響？他有過哪些創傷？他的能力跟你有哪些不同？他的想法跟你有哪些不同？
2. **你們的關係背景**。你們是什麼關係？你們有哪些共同的磨合和經歷？長期的互動過程中，彼此間形成了哪些你不知道的印象。你清楚你是什麼樣的人，有哪些經歷，在意與不在意哪些，他知道嗎？
3. **事件的背景**。同樣一件事，你們的相關經驗、經歷、能力、理解、思維等，都是一樣的嗎？

當你將他放到這三個背景下，如果你依舊發現，他有能力去做但他就是不去做，那麼除了要故意氣死你外，我是想不到其他理由。但他為什麼要氣死你呢？

最後就是，理解和喜歡是兩個概念。我不喜歡你，但我深刻地懂了你後，我就不會再對你有情緒。我理解了你的侷限，就不會再去期待，也就沒有怨，沒有恨，沒有討厭。

因此，我也認識到我應該去尋求真正能給我滿足的對象。

而我們，此生不同，各自平安。

對不起，我必須反駁你

當你被誤解，你可以平靜地解釋或不解釋。
如果你的反應是激動、委屈、難過，那就表示你有「情結」了。

一個多年不見的朋友來找我，當年大學裡那些互損時光猶如昨日。而即使聯繫不頻繁，我們也還是知道彼此的行蹤。

他來找我，跟我說他辭職了，想問我怎麼創業。我很激動地直接指出了他幾個缺點，結果卻差點沒吵起來。

我不知道是我變了還是他變了，還是我們都變了。印象中我們經常損對方損得天昏地暗，從來不怕傷害到彼此。但是今天，明顯我傷害到了他。

他的回答是：「你不了解我。我不知道怎麼跟你解釋清楚我不是這樣的……」

是的。我們成了說話小心翼翼的人。

我覺得淒涼，我們不再像當年那樣是至交，無話不談了。我的感覺是：你畢業後的這些年分明是犯了些低級錯誤，卻還要辯解，不承認。

他也覺得很委屈：我在別人面前都是裝作和善，在你面前我才可以不用偽裝，可以肆意表現自己的攻擊性。

然後我們沒有再說話，和和氣氣結束了一次會面。

人為什麼不能承認自己不好？

這件事我跟我的心理師談了很久。我想明白了之後，又生氣又委屈又心疼又賣萌地給他發了個訊息：你不相信我。

是的，他不相信我。

他不相信那個不努力、不上進、懶惰、糟糕的自己是被我接受的。面對我的否定，他必須要防衛，必須要辯解，必須要反駁，必須要證明自己不是很差勁。他必須感受到「我誤解他」而不是他很差。他不能面對自己糟糕的那一面。

他不能夠在我面前承認：「是的，我是沒做好，是很差勁。」

這種「怕」是潛意識裡的怕，並不是故意的，是面對否定時的自動化反應，必須要把矛頭轉向「對方錯了」、「對方誤解我了」來防衛自己可能的差。

如果一個人誤解你，你可以平靜地解釋或不解釋。如果你的反應是激動、委屈、難

過，那就表示你有「情結」了。

人為什麼不能承認自己不好？為什麼要急著辯解、否認、委屈、辯駁？為什麼要欺騙自己，而且還是在很親密的人面前？

因為潛意識裡已經形成了這樣的信念——這個不好的我是不被接納的，這個糟糕的我是不被喜歡的，我不好了就要被你們拋棄了。沒人喜歡過這個不好的我，所以我不能不好。

萬一我真的不好該怎麼辦？最快的辦法不是變得好起來，而是否認它。只要在你面前我掩蓋掉我不好的感受就好了。如果你硬要啟動我不好的部分，我就必須強烈地反彈，來感受到自己並不差。

在你面前，我只有否定掉我不好的部分，你才可能不拋棄我，才會繼續喜歡我。

即使結果往往是相反的：對現實的否認、對話語的反彈，會讓人感覺到這個人不真誠，無法溝通，而漸漸疏遠。結果就是，他再次體驗到被拋棄。

潛意識裡愈是害怕，所害怕的事就愈是會發生。

為什麼會有這樣的害怕呢？

從你生下來開始，這個不好的自己就一直是不被喜歡的。老師嫌棄就罷了，連媽媽也嫌棄。媽媽嫌棄你不好的例子，不勝枚舉。當你做不好、做錯了、有缺點的時候，你就開始被指指點點、被禁止、被數落、被懲罰。

在小孩的體驗裡就是：「完蛋了，我媽媽要拋棄我了。她不接納這樣的我。」所以小孩會為了獲得媽媽的喜歡而戰戰兢兢，為了生存下來，不得不去忠誠於媽媽：你嫌棄這個不好的我，我也嫌棄；你喜歡那個優秀的我，我就努力變得優秀，且只能優秀。

然後，我們長大後就會把所有人都當媽媽，認為他們不會喜歡那個不好的我，他們會拋棄不好的我。為了能跟他們在一起，我必須要排除掉任何會感受到自己不好的可能性。

因此當體驗到別人的否定時，我必須要反彈。用這樣的方式來掰過你的嘴，體驗到自己不是差的。

反彈只是因為很想靠近你，很想跟你在一起。

你的好與不好，我都接納

這是我們關係的又一次推進。

我發了訊息給他：「你就是很差啊。你跟我比起來，你就是不上進，就是不夠好，賺得也沒我多，工作也沒我努力。你在我面前，就是很差啊。可是，那又怎麼樣呢？即使你真的很糟糕，一點都不影響我對你的喜歡啊。我那麼差的時候你都不嫌棄我，你為什

麼不相信我不會嫌棄現在的你呢？你就是不相信我願意陪著你一起努力，一起變好。」

發完後，我覺得暖暖的。自己哭了會兒。

我是多麼希望他允許自己真誠地出現在我面前，不論好的壞的，我都是接納的。我們對一個人的喜歡，並不是因為他好或者他壞，而是他真誠。

然後他回我：「愈是親近，愈是不知道怎麼相處。很怕失去，從來不敢相信不會失去。很多時候都怕自己在你面前不重要了，怕受傷，所以不自覺地疏遠了你。」

我說：「真有病！我們的關係，是好不好就可以失去的嗎？」

當兩個人願意面對彼此內心深處黑暗的時候，當他們相信這部分黑暗是可以被接納的時候，關係就會被推上一個新臺階。當年媽媽沒有接納不好的自己，自己長大了也不接納不好的自己，但這部分終究會被另外一個人接納。

相信，就會。

世間所有的冰冷，都是對溫暖的隱藏

我回憶起我的生活，發現其實我跟很多人都很難溝通。因為很顯然，對方都會反駁，都會辯解。而你會覺得他不夠誠實，覺得他連錯誤都不能承認，連現實都不能面對。你會覺得就是因為你們關係親近，你才願意直言不諱，而他卻非要搞成像不熟悉的人一樣，說話彬彬有禮，小心翼翼，恪守著話不能說太直的處事原則，選擇性地說與不說。

哲人說，切勿交淺言深。直言直語，傷人傷己。後來我發現，不僅交淺勿言深，而且交深也難言深。

比如我的媽媽，和我很多來訪者的媽媽們。長大後我們嘗試過和媽媽溝通，探討她當年做得不好的部分。這時，多數媽媽都會啟動防衛機制，用很多手段來阻止自己感受到自己可能是個壞媽媽。

有的媽媽會用大事說小、小事說沒的方式進行防衛。比如，把當年的打罵描述成：「就是拍了拍你。」

有的媽媽會用直接遺忘、否認的方式來防衛。比如，她會說：「那是沒有的事，我們不可能那麼做的。」

而我媽媽則用責怪的方式來防衛。她會說：「都過去那麼久了，你還往心裡去，我們那時候也不是故意的。」

媽媽怕體驗到自己是不好的。她的潛意識裡，也有一個怕被拋棄的小孩。

不僅是媽媽。在伴侶關係、親密關係中，直接一點的否定，都可能會導致反彈。這些反彈，最深的目的，都是想靠近。而現實卻是，對方因為感受到不真誠而推開了關係。

所以我常說，世間所有的冰冷，都是對溫暖的隱藏。

不是誰都能直面內心的黑暗，不是誰都願意大膽承認那個你不喜歡的自己。不是誰都能意識到我們拒絕看見自己的不好。我們很多時候只能看到冰冷，但我們依然要長出一隻眼睛，來看到溫暖。

真實的自己，是最容易被喜歡的。真實的自己，也是最容易被改變的。

當我們有能力去看見真實，承認無能，我們就有了改變的可能性。

最後，我跟他道了個歉。「我的心理問題也挺嚴重的。我是被罵大的，鼓勵人、說好話對我來說是件很難的事情，所以我通常只擅長罵人。」

他說：「我知道，你那德性又不是一天兩天了。」

我說：「我有問題並不影響你有問題，你是不是特別期望自己是個努力、上進、優秀的人？」

他說：「是的。我這不是來找你了嗎？」

我說：「那我們制定個計畫，來看看怎麼讓你成為這樣的人。你覺得怎麼樣？」

他說：「好。」

我說：「那既然要成為這樣的人，你就得承認之前做得不夠好。是不是？」

他說：「滾……」

我為什麼有時候不回你訊息？

理想的關係是，我可以回，也可以不回你訊息。
因為我知道，在你面前，我可以自由地做自己，並被你允許。

我有一個比較好的朋友，異性，共同語言多，聯繫也比較頻繁。每當想到我們的關係，我都覺得很溫暖，因為在她面前，我感覺我是被接納的，我是可以做自己的。

其中最讓我感到溫暖的一件事就是：她的訊息，我有時候即時回，有時候很晚回，有時候不回。對此我不必擔心她會感覺到受傷，因為我知道她相信我。因為她心裡有一個信念：重要的事，你都會回；不重要的事，你不回也會看得到。

更重要的是，她相信在我這裡，她是重要的。所以不需要用「即時回」和「一定回」來證明她的重要性。

但曾經不是這樣的。我們認識三年多，曾經有過一次非常嚴重的衝突，以至於她決定

讓友誼的小船進行一下側翻。衝突的原因就是，她實在無法接受我隨機回訊息。為此，作為兩個「正常人」，我們交換了彼此的意見。

某：「我能接受你不即時回訊息，畢竟每個人都有忙的時候，我還不至於無理取鬧。但是隔了兩三天還是沒回是怎麼回事？難道你連個廁所都沒上？如果你上廁所卻還沒回我，只能說明我不如上廁所重要，不如工作重要，不如ABCD重要，只能說明你一點都不在乎我……」

叢：「朋友圈都說了，不回訊息的原因有很多種：忙別的去了然後就忘了；想著一會兒回然後就忘了；我正在想怎麼回，還沒想出來撂一邊了；看書去了，手機在另一個角落懶得動然後就忘了……原因有一百個，不一定是你不重要啊，也不一定是我不在乎你啊。」

某：「一百個藉口。」

叢：「我不是不想回啊，我是能力有限，真的回不了。」

原來，我們早年的創傷被啟動了……

這理由說出來的時候無力又無奈，開始的時候自己都不相信。回個訊息也叫能力有限？但是冥冥中是有那麼種感覺，的確是沒能力回。就像在生活中，我無數次告訴自己不要拖延，多大點事；不要犯某個小錯誤，多大點事，但還是會不能自已地犯。就像從小學到現在，屢屢提醒自己「不要粗心，多簡單的題」，但還是會無法避免地粗心。

有太多事看起來簡單，但是做起來就是有難度，也不知道難度在哪，但就是做不好。也不是因為態度不端正或能力不行，但就是做不好、做不到。這就像是按時起床，一次兩次沒有任何難度，但是長期以來，你會發現總有一種神祕力量把你緊緊吸在床上，自責了N多回，毒誓也發了很多回，但還是不戰而敗。

能力問題嗎？態度問題嗎？不重視嗎？「只要你真心想起你一定起得來」——這是雞湯學，有毒。還有減肥，你能說一個控制不住嘴、邁不開腿的人，不是真心想減肥嗎？體驗過的人才知道。

這次爭執，以封鎖結束。她說：「你不是不愛回嗎？以後你永遠不用回了。」

‧「不被在乎」的創傷

幸好這是兩個學心理學的，能啟動「非正常」模式，進入心理模式重新進行交流。我們深入探討了她為什麼會這麼在意我回不回訊息，為什麼她這麼容易感覺到不被重視，為什麼我明明重視她，她卻不相信，總找我不重視她的證據。

如果一個人心裡裝著「我不值得被在乎」的想法，無論你多在乎他，他都會找到你不夠在乎他的證據。即使回訊息這件事做得天衣無縫，他也會在其他事情上經常發現自己不被在乎。這就是強迫性重複，人一定要反覆找證據以體驗某種熟悉的感覺，才覺得有存在感。

她放下指責模式後，開始看自己了。她說：「我看到了自己作為家裡奶奶不疼舅舅不愛的老二，一直都不是重要的。我從來沒有放棄努力成為家裡最重要、最受寵愛的那個人，以至於在童年結束後的現在，我依然重複在同樣的模式裡。

「我也想成為你那裡最重要的那個人，即使我是在和你的工作比，和你其他朋友比。我一直努力在各種場合追求優秀，讓別人在意我，就是為了讓自己顯得重要。同樣地，我希望自己在你心中也很重要。

「但我從小就沒體驗過我是重要的，其實我也很難相信我在別人眼中是重要的。所以你一再表達我對你來說很重要，我也能看到你做了很多，但我依然無法真正地去相信這一點。」

然後，她就哭了。

對她來說，我不回她訊息，啟動了她早年不被重視的感覺，在我這裡得到了重現。一個人如果內心覺得自己不夠重要，他就需要反覆確認自己是不是重要的，並且總去找到自己不夠重要的證據，然後遷怒於對方。這其實就是把對早年照顧者不重視他們的恨，轉移到了當下的人身上。

那一刻，我只不過是成了她對媽媽的恨的一個發洩口。這叫移情。

・「被強迫」的創傷

我跟她談起了我內心深處的感覺，經常覺得每次回她訊息我都很有壓力，很煩躁。不想回，卻不得不回。很想放棄這段關係。

我不得不承認，有時候就是不想回你訊息，沒有惡意，不是因為忙或者忘了，也與你重要與否無關，而是單純地心煩不想回。只是此刻自己的心情都不想照顧，再強迫自己照顧另外一個人的心情就會讓我很煩。

有時候就是單純地不想回，但是我又知道如果我不回，她就會亂想會傷心。所以出於對她的照顧，我就慣性地委屈下自己而回了。這個委屈自己對我來說是那麼熟悉，以至於當我不去刻意覺察，我都發現不了我又委屈了自己。

這個模式在我的生活裡已經重複了無數遍：我難以拒絕別人。對別人的要求，我有時候會感覺到壓力但是又不得不去做，因為怕別人失望，不開心。自己也不想矯情，強迫一下自己還是可以去做的。所以我常常委屈自己去滿足別人。

然而，我的內心深處依然討厭被要求，被強迫。我渴望自由，但是又常常不敢承擔自由的代價，害怕拒絕別人會傷害到別人。所以我會慣性地委屈自己。

這種強迫，讓我想到了我爸對我的強迫。大學的時候，我爸經常嫌棄我不接電話。他常說：「打電話你不接，給你辦電話有什麼用？」

那時候我很沮喪，因為手機是他買的，我無力反駁。每次都要即時接電話讓我感覺到被強迫。我做不了什麼，所以我只能把那種被強迫的反感壓到潛意識裡。在談戀愛後，女朋友也非常介意我不回訊息，這種感覺就被強化，慢慢地我形成了固有印象：只要你不回訊息，別人就會不開心。所以無論你想不想回，你都要即時回。

這是一種慣有的自我強迫與想反抗的強迫。所以，如果我看到了卻沒回你訊息，那是因為我在你面前感受到了自由，相信你會允許我做自己。然而你卻沒有允許我，這再一次讓我感受到了我一直都在被別人各種強迫著。這重複了我早年的模式，讓我把你當成了我爸。

我們兩個人，因為不同的創傷被啟動，而產生了衝突。

看到了卻不回訊息，這啟動了她不重要、不被在乎、被忽視的創傷。一個人如果早年有很多不重要、被忽視的經驗，長大後就很怕這些，對不被重要、不被在乎和被忽視就容易敏感。

而看到了就必須要回訊息，這啟動了我被強迫、被控制的創傷。一個人如果小時候被要求過多卻無力拒絕，他長大後就會厭煩各種要求，無法拒絕但就是很煩。

一個在索取重要性，一個在索取自由。兩人誰都不知道自己在幹什麼，所以衝突。

成年後關係的很多矛盾，其實都是因為兩個人不了解彼此內心深處的傷，都根據自己的經驗理解對方，才會對對方很生氣很失望。其實，他們都看不到對方內心真實的那部分脆弱，只沉浸在自己的脆弱裡索取著。

最自在的關係，是不須即時回應也不必擔心

當我「相信」我對你來說是重要的，即使你不回我，我也不會懷疑和亂想。

當我「相信」我對你來說是不重要的，即使你不回我，我覺得也正常無所謂。

只有當我「不相信」我對你來說是重要的，我才會期待你隨時回，以證明我對你來說是重要的。

所以，我對於不熟悉的人，才是即時回的，生怕別人覺得自己不重要——因為本來就不重要，所以才要照顧一下他，怕他有這樣的感覺。我說我們這關係，一起經歷了這麼多事，彼此安慰了這麼多年，你還要再懷疑我們的關係，再懷疑在我的世界裡你是否是重要的，我都想打你了。我兩年不回你訊息，你都不該對自己的重要性有一點點懷疑。

然後她就笑了，找到了很多她認為很重要的證據。她說：「雖然你不即時回覆我訊息，但其實很多訊息我也是一時衝動發的，如果特別需要回覆的，我會多說幾遍。我覺得重要的，很需要的時候你也都回我了。而且我情緒不好的時候，你總是能第一時間覺察。即使隔著電話，你依然能覺察到我的需要和情緒，所以我知道我對你來說很重要。」

後來，她還是喜歡發一串訊息給我，我想回就回，不想回就不回。她相信，我即使不回，也看得到。我相信，即使我不回，她也不會覺得被忽視。我覺得溫暖，覺得被接納。所以當我回的時候，我一定是輕鬆自在和幸福的。對這段關係，我也倍加珍惜。

回重要人的訊息，本來是件愉悅的事，但是依然沒有人能做到每條都回覆，總有忘了回或不想回的時候。每當這時候被給予了「你必須回，不然老子很生氣」的威脅後，我就有了壓力，回訊息就開始變質了，從溫暖升級為強迫。內心會有微弱的反感，我為了你強迫自己N次，就有了敵意，會在下一次以別的事件為出口發洩出來。所以「我期待你一定要回訊息」的能量傳遞到對方那裡去，是會增加其他事的衝突的。

我可以回也可以不回你訊息，因為我知道，在你面前，我可以自由地做自己，並被你允許。

我必須回你訊息，就意味著在你面前，我每次都不能自由地做自己，我必須時時都要以照顧好你的感受為先，自己在後。

哪樣的關係更長久呢？

這篇文章只是提供一種可能性的視角。不回訊息的可能性有很多，有時是對方真的覺得你不重要而不想回，有時是覺得你重要但訊息不重要而不想回，有時候是因為某種原因沒能回成。一個成熟的人，應該具有判斷現實情境具體是怎麼回事的能力，而不是一味地陷入「因為我不重要」或「因為你不夠重視我」的情緒裡。

能吵架的關係，才是健康的關係

吵架是高濃度的溝通與交流，是信任。

很多人跟我說他們不喜歡衝突，害怕吵架，所以他們小心翼翼地維護著某段關係。但我們的觀察卻是，當他們害怕衝突而選擇忍氣吞聲，對於關係的和諧並沒有什麼用，甚至埋下了一顆不定時的炸彈。他們會以不想給對方造成傷害為由選擇不吵架，結果卻造成了更大的傷害。

吵架是一種啟動生命的體驗

不知道你會不會同意這幾句話：

我寧願你對我發火，也不願看你有話憋著不說。

我寧願你有話直說，也不願你因為怕傷害我而藏著掖著。

我寧願你跟我吵架，也不願意看你冷漠地把不開心寫在臉上。

每個人其實都一樣，有話不說的傷害，其實比吵架的傷害更大。

曾經有人問我，你搞心理學搞得這麼好，你是不是不會生氣呀？每當聽到這樣的話，我都會驕傲地說：不，我喜歡吵架。

讓人們關係破裂的，從來不是吵架，而是不敢吵架憋著。憋著就有了隔閡，隔閡就產生距離。如果吵架能讓關係破裂，那麼憋著不吵，關係就會更容易破裂。

心理學帶給我的改變之一，就是讓我從一個不敢吵架的人，變成一個熱愛吵架的人。

有次聽一個老師說：「吵架跟做愛是一樣的。」這句話貫穿了我，讓我更加喜歡與人吵架，每次吵完，我都有種過癮的感覺，然後哈哈一笑握手言和，又氣又爽。

當你專注精力做一件事情，你必然是興奮且享受的，因為它啟動了你的生命，讓你在燃燒在綻放。吵架就是這樣一件事情，它把你平淡的生活啟動了，讓你死去的身體活過來了。所以你會發現，那些常敢於大聲吵架的人，他們的生活是充滿激情和活力的，他們活得舒暢且自在，雖然他們會罵罵咧咧，但他們真的活得通透。

反之，那些不敢吵架的人，你會發現他們形容枯槁、死氣沉沉、沒有生機，活著像死了一樣，經常讓你有想揍他的衝動。因為不敢發生衝突的人，也就不敢啟動自己，不敢專注，他們隔絕了自己的體驗，抽離了自己的注意力。他們潛意識裡怕自己控制不住情緒，所以要選擇抽離，而這一抽離，會順帶著把關係中的全部都抽離。所以不敢吵架的人，經常會給我們漠然的感覺。

那種漠然就像是性壓抑一樣。你看一個性開放和性壓抑的人，前者就是比後者有活力，雖然你要以後者更道德的名義表揚他，就像你會以「脾氣好」的道德去表揚一個脾氣壓抑的人一樣。然而你只會欣賞，不會喜歡，更難以靠近。

做愛的體驗也是一種啟動，讓你全部的身心都投入，調動你整個身體，專注於跟另外一個人的互動。觀察一個人的生理反應就知道，吵架和做愛的生理喚醒是極其相似的，它們只是啟動生命的不同形式而已。

人在生活單調無聊的時候，也會想吵吵架，啟動一下自己，證明自己還活著。佛洛伊德的說法是，人會透過吵架，用嘴巴來釋放自己的性能量。

吵架是真誠溝通的一種方式

我想，我們從來沒有像在發怒的時候那樣，敢於把所有的話都說出來，敢於把之前一

直不敢說的話都說出來。我們對一個人的抱怨、不滿、期待，統統會在這時做一次真誠的表達。是的，之前我們可能不敢，因為我們會在理智上權衡再三要不要說。經過理智加工的語言就像是談判一樣，這在社交上還好，但是當你親密的人這麼對你，只說該說的，不說不該說的，你會有什麼感覺？

生氣時，你的情緒會暫時給理智打一針麻醉，讓情感的部分直接推著你的話語開始流露，你此刻說的話就是在用心說的，且毫無遮掩。在這樣的狀態下，你可以完全表達自己。

生氣時，不僅能把所有的話都表達出來，而且還能把情緒也都大膽地表現出來，一舉兩得。

因此，不敢吵架是一種不真誠。不吵架的意思就是：我要用理智控制住語言，考慮什麼該說，什麼不該說；說什麼是對結果好的，說什麼是不利於結果的。你能跟這樣的人親密嗎？

你會說：「那可以好好說啊，幹麼要用吵架的方式？」

人們的交流，通常有三個層次：一，好好說話。二，吵架說話。三，冷漠不說話。

我同意你，最好的溝通方式是一，然而這個能力不是人人都能在所有時候都具備的。當「好好說話」失效，人就會進入第二個層次。當第二層次發展不出來或失效了，就會進入第三層次的冷漠不說話。若要求一個人隨時都好好說話，對他來說無疑是個巨大的要求。

吵架是一種高濃度的交流

薩提爾提倡一致性溝通，如果你能把自己的感受、內心的想法心平氣和地說出來，當然最好，但顯然人們難以做到。這需要建立在完全信任對方、有著足夠連結的基礎上，才可以拋卻理智不顧，完全敞開表達。

現實是我們即使再親密，也難以有非常深的連結與對對方的高度關注。可是我又需要跟你產生深入的連結，需要你給我更多關注，於是你會發現，當你輕輕表達、好好說話，力度是不夠的。要麼對方注意力不集中，要麼不當回事，聽到了卻重視不起來，要麼直接聽不進去。

這時，你會發現雙方是在溝通，但是專注度、連結度都遠遠不夠，所以我們就需要加大溝通的力度和強度，來增強兩個人的連結。就像是你買了很重的東西，一個袋子太薄，可能力度不夠，你就需要增加個袋子來強化負荷力。

於是潛意識需要我們把平時的溝通聲音變大、情感變濃、投入變多、專注度變高——其表現形式就是吵架了。

吵架才是跟一個人在一起最好的方式

你不會跟這三種人吵架：一，比你低很多的人。二，比你高很多的人。三，不想跟他產生關係的人。

如果你不跟面前這個人吵架，基本上可以找出以上三種理由，這代表你不想跟他有高濃度的連結。人們常說，生你氣是因為在乎你，這是不無道理的，因為只有我認為你跟我平等，且我想跟你產生關係，才會跟你吵架。

所以你可以大聲地承認：我看得起你，認為你和我平等，才跟你吵架，就像我想跟你做愛一樣，想把我的情感高濃度地傾倒給你。

事實也是如此，你跟親密的人吵完架，會有一段沮喪期，但長期觀察來看，會發現你們的關係是更近的。就像做愛結束了你會感覺累、無趣，甚至不想碰這個人，但過了恢復期後你會發現關係是更親密的。

你也會發現那些吵吵鬧鬧一輩子的夫妻，關係是嵌入很深的。相反地，那些不吵架的人，關係疏離得很。只有潛意識裡對你沒興趣，不想產生關係，才不會和你吵架。

跟陌生人吵架，也是如此。雖然你在意識裡找不到理由跟他在一起，但你不要急著反駁，細細品味，就能感受到即使陌生，也是一種想跟對方產生關係的衝動。

吵架是種自動調節關係的手段。

本質上來說，人在兩種前提下會吵架：我看得起你且想跟你靠近；你跟我靠得太近但我想有點獨立空間。

第一種前面說了，第二種就是我們的親密程度一旦超過了自我界線的警戒值，我們就會自動地透過吵架來疏遠一下關係。媽媽也是這麼透過凶孩子來完成與孩子分離的。你會發現，那些從來不凶孩子，且對孩子無比親密還引以為傲的媽媽，她們的孩子是長不大的。

跟一個人在一起就是：我們親密，無話不說，但不過度親密，保持一定獨立。親密過頭了，潛意識就會驅動吵架來自動調節。

如果你不讓自己吵架，就像是閹割了身體的汗腺一樣——汗腺能根據環境自動調節體溫，雖然汗這個東西像吵架一樣不怎麼讓人喜歡。

不敢吵架或吵架會受傷，是一種不信任

有時我們害怕吵架，及吵架之所以會傷害到我們，只是因為我們自己的心理創傷。吵架可能會激發你被拋棄、被否定，或不被愛的創傷體驗。

比如幼年時，當你爸媽吵架，就沒人顧得了你，於是你等於被拋棄了。當他們吵架，他們卻不能放開來吵，那沒釋放完的情緒就會留給你：「怎麼還不去寫作業？」「怎麼

又在看電視？」「你看你爸／媽這種人……」「都是因為你，我才……」

所以傷害你的，有時不是他們吵架，而是他們沒吵爽、沒吵完，壓抑了一部分，剩下給了你。你會把這種恐懼深藏起來，長大後每當面臨吵架，就會啟動潛意識裡早年被植入的「我不夠好」和「我不值得被你一直愛」的信念，因此吵架才會讓你覺得受傷。

你會受傷，只不過是你蒙蔽了雙眼，沉浸在被否定的恐懼裡，看不到愛。你媽沒有告訴過你「你很棒」和「我不會離開你」，你就不這麼認為。這是你對自己的不信任，不相信自己是值得被愛的，不相信自己是足夠好的，不相信自己是有力量的。

並且你會假設這種恐懼別人也有，認為別人跟你一樣脆弱不堪，怕傷害到對方而不敢吵架。

這也是一種對對方的不信任。不相信他有能力承擔你的情緒，不相信他並不會因為吵架而離開你。這完全是你的自以為是，因為你沒有能力承擔。如果他最後離開了你，必然是因為你的冷漠、不愛等因素，很難是因為吵架而離開。

受傷或不吵架也是對愛本身的不信任，你不相信你們的情感連結，不相信愛的持續性和穩定性。更不相信你們那麼多的付出並不會毀於一次吵架。

放過情緒吧，它只是一個司機

你需要學會區分，情緒只是幫助表達的工具而已。你可以讓情緒經過你，而不必停留。你只留下了對方向你表達的內容，而讓他的情緒飛走。

你可以想像這個畫面：最愛的人非常想來見你，跟你親密做愛，於是他嫌走路慢而搭車來了，這時你迎接他，只留下他就好了，並且對送他來的司機說聲謝謝，然後讓司機從你身邊走開。你總不能留下司機一起做愛吧。

情緒就是帶他的話語來的工具，幫助他向你表達了某些內容。他借助情緒，對你傾注了更多情感，表達了更多內容。

你從來都沒有被否定，也不會被拋棄。情緒雖然會帶來些許傷害，但從長期和整體來看，吵架是一種促進關係的行為。就像運動會帶來痠痛，但那是健康的，我們不應該害怕運動會帶來損傷就不運動了。

不信，你信任一下自己試試。

如果你不想變成一個活死人，如果你想跟他人建立更親密的關係，就大膽地吵架吧！你會啟動自己和對方，你也會迅速推進關係，雖然它也許會讓你產生關係被推遠的錯覺，或啟動了你曾經的傷。但是當你不再把吵架與被拋棄、被否定關聯起來，你會愛上吵架。那是你們表達愛的絕妙方式，吵完了，便能歡顏一笑，因為你們依然相信愛還在，哪能那麼輕易就沒了。

人們有時候需要吵吵架來表達一下愛，當然愛這個東西，哪種表達方式都要有個限度。沒有或過度，都是一種傷害。吵架也是。

能吵架的關係才是健康的關係。我們都喜歡跟親密的人吵架，跟陌生人客氣。潛意識這麼選擇，是符合一定規律的。

如何走進別人心裡，以安慰他人？

「不要不開心了」、「節哀順變」、「想開點吧」……

有時，你的安慰是一種暴力，是對當事人現有狀態的否定。

不知道你有沒有過這樣的體驗：你想向一個人敞開自己、說說心裡話，卻不知道從何說起，更不知道該對誰訴說。

有時對親近的人（好朋友、伴侶之類）訴說自己內心的那些不快樂、悲傷、難過，卻得不到相應的安慰與滿足，對方回應得很有道理，但自己心裡卻會升起一種莫名的落寞和距離感。

其實本來確實沒多大的事，你都知道該怎麼做，你也知道對方很關心你，但那一刻你就是感覺不到被理解，甚至感到孤獨……

不被理解的孤獨

比如我最近在諮商中遇到的一件事。

一個女孩跟她的男朋友說，她有時看到自己那些曾經的同學都出國啊、高升啊之類的，就有些嫉妒，會覺得自己不好，開始自我否定。然後她男朋友就會安慰她：不要想這些了，這只是暫時的，有天你會比他們過得都好的。再說了你跟他們又沒關係，不用去嫉妒，總有人會比你過得好的。

女孩聽了聽，也覺得自己不該嫉妒，於是就不再說話了。

安慰這種自我否定的人，說一大堆鼓勵的話，還是有些成功學的味道的。這其實是把當事人的狀態A否定掉了，即：「你不該、也無須有這種情緒狀態，這是負向的、不對的。你應該有B（積極向上、活潑開朗的）狀態。」然後當事人也會認同這種說法，就會拿理想B來否定自己的現狀A。

我通常把這種狀況叫作：和另外一個人一起對自己施加暴力。因為把這種情緒狀態壓下去，其實是對自己的一種強迫。

很多不開心好像都在被這麼安慰著：哎呀，不要不開心了；節哀順變吧；想開點吧；不要那麼想了；其實你沒必要這麼想的……這些安慰都是一種暴力，一種對當事人現有狀態的否定。

這種否定是讓人很難受的。明明知道說這話的人是出於好心，但自己就是會感覺沒人懂，有距離感。

後來我知道，這都是不能走進別人心裡惹的禍。

如何走進一個人的心裡？

走到一個人的心裡去，是件非常美好的事情。當你能夠走進去，你就懂得了他；當你懂得了他，你們的關係就會微妙地親近起來。這是一個「棒棒的」技能，我認為是比較受用的。這個技能非常簡單，簡單到我覺得它跟心理學沒有關係，但我們還是姑且把它歸結在這個範疇中吧。

這個技能，就是無情奪走我三觀的一句話：「態度大於內容。」

作為一個現實主義的經濟適用男（編註：泛指相貌普通、性格溫和、無不良嗜好的男性），一開始著實難以接受：事情做好了、利益最大化不就行了，哪有這麼矯情，講究什麼態度？這就像是出門坐火車，到得了不就行了嗎，要什麼商務艙？住賓館有床不就行了嗎，要什麼星級？買東西品質好不就行了嗎，管什麼服務態度？態度是什麼？態度又不能當飯吃。

這只是理性。人單純只被理性操縱的時候，少之又少。現實中，我無數次被良好的服務態度誘惑，多花了不少冤枉錢。

延伸一下這句話，就是：態度是針對人的情感部分，一個好的態度，會讓人在情緒情感上感覺到舒服，體驗流暢積極，這個體驗就會反過來影響人的理性思考。內容則是人

的大腦所處理的資訊部分，經過邏輯判斷、權衡、抉擇等過程，做出理性思考。理性思考是發生在人意識中的，會調控人的感受，但是相對較難，比如你不開心的時候，想透過理性思考「想開點」，很難。但是當你感受比較積極時，想法就很容易發生變化。感受更多的是受潛意識支配。

這就意味著，當我們跟一個人交流，同時是在兩個層面上發生著互動：內容資訊層面和情緒情感層面，即**理性與感受**。

當一個人跟你表達時，在第一個層面上，他在用嘴巴說一些事情，這些內容經過我們的耳朵、眼睛等感官，會被直接採集，並將其輸入大腦，進行邏輯加工。這時對方的嘴巴說出什麼話，一切都是在我們自己的世界裡完成，對方只是你一個資訊源輸出者而已。他作為人的部分是不被看見的，因此，想走進他的心也就無從談起。另外一個層面上，他的話語資訊裡承載著情緒情感，他是快樂的、悲傷的、渴望被接納的，或者其他。這個層面的流動，是隱藏在他的內容資訊之下的。這個層面需要你用心去發現，而不是用耳朵和眼睛。我們太習慣處理前者，而忽視後者。

那麼問題來了：感覺不被懂得、被忽視、孤獨，實際上都是同一種感受。人之所以會有這種感受，是因為在表達感受的時候受阻。當你在向一個人表達時，他只聽到了你的內容資訊，而忽視了你的情緒、你的感受，那麼交流在這時只有一條管道是暢通的，另一條管道則被堵死了。那感覺就跟你要說話卻被強行禁止了一樣，真的會讓人得內傷。

因此，我們提供了一種可能性：在**處理資訊內容的時候，同時處理情緒情感。在回應**

對方的話語之前，先看到他要表達的隱藏情緒。

比如最開始說的這個女孩。她在向男朋友表達她內心深處的嫉妒時，實際上是在表達自己內心的脆弱，因為她不太能夠接納自己的這部分，她的情緒裡還有些自責，她的話語裡會帶著這樣的含義：我不喜歡我自己，不能接受我自己，但我希望你可以接納這樣的我。而男朋友的回應是「有天你會比他們都好的」，實際上是在說：是的，有天你比他們都好的時候我是愛你的，但我的確不支持那麼嫉妒的你。所以我要說服你，把你改造成我理想的愛人。

他們兩個人都在處理內容資訊，而沒有留意情緒情感。但是潛意識知道，潛意識釋放自己情緒情感的意圖失敗了，沒有得到期待的回應，於是很多感受又被憋了回來。

當然，男朋友不是故意要這麼做的，因為他也不接納自己是個隨便嫉妒朋友的人，自己慣有的方式就是壓抑自己的這部分、不愛自己的這部分，於是在處理別人這部分情緒時，也會採取同樣的方式。

我給她的調整是：其實嫉妒是個很美好的情感，讓人上進。我們在付諸行動的時候，可以選擇自我奮鬥等理性的方式，而不是破壞別人之類的消極方式，如此就可以了。嫉妒並沒有錯，因此你不需要拿它來折磨自己。那一刻我想我走進去了，她體驗到了被人接納的感覺，隱藏的擔心、自責開始流動，完成了自我接納的修通。我們的關係又被拉近了一步。

共情的藝術

走進別人，其實很簡單。專業術語叫「共情」，你只要共情就夠了。

共情，共的是情，即借助他人的言行，深入對方內心，去體驗他的情感，並讓他知道，你也體驗到了那些情感。用通俗的話說就是：別只看他的言語，還要看他隱藏的情緒情感。當你看到那些情緒情感，它們也就開始流動了，然後你只需要選擇合適的方式表達給他：用眼睛深情地看著他，恰當地回應「是啊」，摸摸頭、拍拍背……都可以。

共情跟你是否知道該如何處理他說的那些疑惑並沒有多少關係。當一個人在訴說時，只要他被傾聽、被理解，他多半會找出自己的答案。羅哲斯（Carl Rogers）創立的人本主義，核心就在於此：給予一個人足夠的傾聽、積極關注、共情，他就會療癒自己，自己找出辦法來。他的潛意識比你更清楚答案是什麼。

我也有這樣的經驗，當我在被人傾聽時，我能講出很多自己原本都不知道的東西。這也是前面我們說的，當情緒情感隨著語言的流動而流動起來，它就會變得通暢，反過來影響理性，自動調節了認知。

難的點就在於：你如何辨識他的情緒情感。

首先你得有這個意識，你要有意識地分裂出一個自我去做這件事。一個自我在聽他的話，一個自我去感受他的情感。不要怕自己人格分裂，健康的人都得有這個分裂的能力，精神分裂症（思覺失調症）比我們缺的是整合的能力。其次就是把他當作你自己：如果你在他的處境下遇到這種事，會有什麼感覺。注意，是「如果你是他」，在他的背景裡遇到這種事，而不是你，在你的背景裡遇到這種事。再簡單點說，就是把他當成你自己去感受，而不是僅僅把他當成一個和你對話的人。

而這取決於你是否有感受自己的能力。你是否是個能知道自己情緒情感狀態的人；你是否是個會壓抑自己情感而只靠理性生活的人；你是否能接納自己內心的脆弱、邪惡、不開心；你能否能辨識你自己沒體驗過的、自己不接納的情感。

當一個人內心深處那份連自己都不願意面對、沒有辨識出來的情緒情感，卻被別人看見或接納時，那種感覺太好了，頓時會願意為另外一個人打開一扇門。

有時候，作為一名心理工作者，走進別人的內心是件很容易的事。不是你大腦裡儲存了多少佛洛伊德，而是因為答案其實就那麼簡單，誰都可以輕而易舉做到，只是我們往往不願意看到真相而已。

你也可以成為這樣的一個人，不需要學習多少心理學，只是在處理他人話語裡的內容和資訊時，多分裂出一個自我，俗稱多個心眼，去重點處理一下他話語背後隱藏的情緒情感。

回到我們那句話，就是這麼回事：你用什麼樣的態度去回應他，遠遠重要於你具體回應了些什麼。

當然，你還得克服一個問題，就是你有時要學會閉嘴少說話，得忍住自己好為人師的本能，少教育別人該怎麼做，讓他的潛意識自動告訴他自己。次數多了後，你們就會日益親近。

同理，如果你想讓別人更懂你，可以走進你，你要做的就是：**少講故事，多談感受**。你看一個人健談的時候，他有多少詞彙在講故事，故事裡有多少詞彙在描述自己的感覺，你就知道他有多真實，多敞得開了。

關懷強迫症：不是所有的「對一個人好」都叫愛

「我認為好的，你也必須認為是好的。」這樣的關懷，病態且自戀。

對於什麼是愛，我們最常想到且常常做的，就是努力對一個人好。我們所謂的愛一個人，就是傾己所有去對他好，甚至願意付出自己的生命，把對方視為自己的生命。我們通常認為關心和關懷就是一種愛。然而，這種愛並不是所有時候都被珍惜，甚至有的時候都不被接受。所以才有了這個千百年來，無數人在愛恨情仇裡糾結了無數次的話題：我對你這麼好，你為什麼都不懂得珍惜？

這種愛包括無微不至的關懷與問候、時時刻刻的陪伴與提醒、省吃儉用而給予無盡的財富、不讓其受一點委屈、經常性的表達愛之語等。這種愛，被放大到了極致，愛的結

果卻是不盡如人意。

有一種冷，是媽媽覺得你冷

一個媽媽會在秋天剛剛到來的時候，就展開衛生褲大戰，想盡包括「斷網、燉肉、逼婚」等招數讓子女穿上秋褲，招招斃命。她會為了滿足子女的胃口而挖空心思做他想吃的各種菜，會為了知道他喜歡什麼而費盡心思，然後一直做，直到他吃到吐為止。她會以各種關心伺候子女，生怕自己沒有照顧好孩子、有所疏忽。

我見過一個媽媽，曾經為了照顧孩子，把工作跟著孩子升學的城市走。也見過一個媽媽，每天陪著孩子寫作業到很晚，陪伴的方式就是，孩子不睡她也不睡。孩子說媽媽你不用陪我了先去睡吧，但她就是要在一邊看著才心安。可想而知，這個孩子在做作業時，會有怎樣的壓力。這樣的壓力下，他能安心做作業嗎？

一個戀人也是如此，會在感情與婚姻裡鞠躬盡瘁，會為了討好百般周折，會含在嘴裡怕化了，捧在手裡怕掉了。也有的戀人每天都會關心對方睡得如何，吃得如何，身體如何，方方面面無微不至。我還見過一些戀人，更多的是男人，他們會覺得：你要什麼我都給你，BMW給你開，給你買你想要的任何東西，為什麼你還不滿足？女人也會如此：我什麼都給了你，為何你不珍惜？

當我們聽說別人是這麼關心人，或許我們能多少意識到這些愛是不健康的。但是當發生在自己身上時，我們似乎難以跳出自己的視角，去觀察這份愛到底是怎樣傷害了人。

強迫關懷是病態且自戀的

這種關懷強迫，儼然上升到了病態的程度。甚至有了專業的詞語叫「Co-dependency」（共依賴），即「關懷強迫症」，特指依賴別人對自己的依賴，喜歡關懷別人，不去關心別人自己就難受。

強迫關懷是病態的，並且是自戀的。例如食物是好東西，但是你硬要往一個吃飽了的人嘴裡塞，就是一種傷害了。對於一個只是口渴的人來說，硬要給他食物，這也是一種傷害。強迫關懷症們最喜歡把自己認為好的和對的東西強行讓對方接受，而毫不顧及他人的需求程度和需求內容。在他們的世界裡，有著這樣滑稽的信念：

我認為是好的，你也必須認為是好的；我認為所有人都需要，所以你也會需要。

他們會把自己的觀點先自我泛化到全世界都是這樣的，讓自己站到道德和理論的制高點，找到歸屬感，再透過認為他們也需要，就把這種他們自認為全世界通用的標準再加給所愛的人。這是人類最初的自戀行為，遵循「我怎樣，世界就怎樣，他人就怎樣」的邏輯。

顯然，**對他人的關懷如果離開了尊重和理解，關懷就會淪為自私**。沒人喜歡被強迫。我們每個人生來不同，都會有著自己不同的經驗以及不同的需求。當一個人被強迫關懷，就會出現兩種動作來達到自我保護：反抗，或者順從。

對於反抗很顯然而易見，這種強迫關懷是過度滿足，對於過度我們就會本能地去反抗。更重要的是，它剝奪了人基本存在的自由。我們每個人都需要基本的心理空間來獨處，再親密的人也需要有一點自己的時間和空間來感受自己的存在。並且，當一個人被關懷，他接收到的不僅是關懷，更是期待。關懷者會對被關懷者產生他能變得更加優秀、過得更好之類的期待，因此他感受到的是雙重壓力：被剝奪存在自由和強加的期待。

例如被媽媽陪寫作業的孩子，有一雙眼睛在旁邊就會感覺到不自由，偷懶或做不好、做不快的時候也會產生內疚，怕辜負了她的期待。

戀人也是這樣，當「吃了沒」、「吃得好不好」的關心被重複，被關懷者就會不想接受，覺得失去自由，感到窒息般的心煩。同時，拒絕對方又會產生心理壓力，怕傷害到對方。

於是被關懷者就會想反抗，當反抗的力量大於內疚，就會選擇逃離或拋棄。這時被關懷者的反抗只是一種達到閾值後的自我保護。這是非常常見的現象：你如此關懷我，我卻想離開你。

當反抗的力量不足以應對內疚時，我們就會轉而折磨自己，淪為順從。畢竟我們不能長時間地接受自己透過內疚來折磨自己，這樣對自己傷害更大。為了應對這個內疚，被關懷者就會淡化自己的真正需求，甚至發展出自己的這部分需求，退化自己的某部分能力，來適應關懷者給出的強迫關懷。如果不能拿掉這個強迫，那他寧願犧牲自己的自我照顧能力和自我檢查需求的主見，這樣就可以避免內心衝突，還可以維繫和關懷者的關係，從而完成另外一種自我保護。

強迫關懷，是出自「被需要」的需求

關懷者有一種強烈的需要：我一定要給出關懷，並且要求對方接受。這就是關懷者的需求，他們需要給予對方關懷，讓自己心安。進一步說，他們需要透過給出關懷來證明自己是有價值的，是被需要的。因此他們有一個很深的需求要對方來滿足——「被需要」的需求。

這個邏輯如此之繞，以至於意識常常懶得繞出來，但是潛意識裡很清楚。於是被關懷者就在這種糖衣炮彈的威脅中，選擇了抵抗或者妥協，來應對關懷者的需求。

關懷者如果不能實現關懷，就會陷入焦慮。他們會覺得自己不被認可或者毫無價值，他們會不斷地檢查自己是不是錯了或做得不夠好，或者進入另外一個極端：指責對方為什麼不珍惜，為什麼不知好歹，為什麼對他那麼好還要無盡地傷害他。或者怨天怨地，概括到這個世界上所有的異性都是不好的，老天爺對他一點都不好云云。

其焦慮和惶恐，正是自己的需求無法得到滿足，或評估了無法得到滿足後所有的心理表現。

關心一個人之前，請先理解他

一切以「關懷」為目的的關懷，都不是真正的關懷。正如當你為了幫助別人而幫助別人，並不是真正的幫助，那都是自己的需求。真正的幫助和關懷有兩個共同的特點：

．**知道別人需求的內容和程度，並在他人舒適的程度上給予。**

．**我願意給出，但不強求對方接受。**

因此在給之前，有件事就顯得格外重要：理解他人。

千百年來，人們無數次為這個功課而掙扎。理解看起來那麼容易，做起來難度卻超乎我們想像。因為理解他人就意味著要打破自己的自戀：我不是世界的中心，我沒有掌握絕對的真理，他人跟我不一樣。

這無疑是令人難以接受的。這意味著要放棄自己堅守了幾十年的觀點：並不是所有食物都是好的，甚至並不是所有人都覺得食物很重要；並不是所有時候給別人很多錢花就是愛，甚至並不是所有人都覺得錢很重要。

但這也並不是毫無規則可循，對於被愛的一方來說，有著比這些現實需求更深層次的需求：情感需求。

情感需求如此撲朔迷離，讓人難以把握。其難度遠遠超出身體陪伴、物質付出、生活照料等現實層次的關懷。

情感需求包含了對方所需要的溫暖、讚美、認可、鼓勵、心靈陪伴、歸屬、安全感、理解、連接、自由、價值等。而每個人的每種需求、程度和形式都不一樣，因此，你需要懂得他的心理需求，才能真正去實現關懷。那才是愛。

都說女人是一本讀不完的書，因為對於多數女人來說，情感需求遠遠大於現實需求。即使那些天天嚷嚷著只需土豪和錢的女人也不例外，她們只是不再相信有人能再滿足她們的情感需求，才轉而從物質上滿足對於情感的需求，比如安全感。人們或許在某些時候非常需要現實需求，但是這種需求一旦被滿足，分分鐘就會上升到情感需求。因此你可以暫時滿足他的現實需求，卻不能把這種現實需求視為唯一的永恆的需求。

因此，真正的關懷，首先要打破兩個執著：

- **打破自以為是，哪怕你認為這是全世界的人都會有的需要。**
- **放棄認為對方需要的現實關懷多於情感關懷。**

簡單點說，就是：走出自己，才能懂得他人；懂得他人，才能真正關懷他人。

盲目地關懷，只是滿足自己的需要，那是關懷強迫症，並不是愛。真正的愛的結果是連接，絕不是遠離。

別人不理解你很正常——一定是因為你有問題

我們時常犯的毛病，即是自己都表達不出來，還想要求別人比你更清楚。其實，正是你不夠理解自己，才如此渴望別人理解自己。

和人溝通時，如果別人不理解我，我還是很不爽的。直觀感受上來說，當我不被理解，我就會覺得都是別人不好，這樣想我就成功地安慰和保護了自己。

但是，多年的心理學經驗又告訴我這樣想太扯淡：別人又沒刨我家祖墳，憑什麼不理解我就成了他們的錯啊？——我肯定哪裡也出了問題。

為什麼別人總是不懂你？

如果我們把「讓別人理解我」設為一個任務去分解它，會讓我們更清晰地看到發生了什麼，進而處理這個不爽。

讓別人理解你，其實就是兩個步驟：

1. **你能明白地表達自己的想法。**
2. **別人能get到你的意思。然後理解完成。**

從這兩步來看，別人不理解你，至少你有一半的問題。別人不理解你，除了別人的理解能力不夠外，還可能因為你表達得不夠清楚。

在與別人的溝通中，當我們需要別人理解時，通常會用這幾個辦法來表達自己：

· **真誠地表達自己，邏輯清晰，語言簡單**

根據對方的反應，不斷調整自己的語言，使之符合情境。然後對方就很容易明白了。

・從反面表達自己

用一些生氣、抱怨、責怪、討厭、推開的話語來責怪對方為什麼不理解自己，為什麼做的、說的跟自己想要的不一樣。很多自尊心強的人不願意正面表達自己的需要，通常會採取這種方式。

・用表情和肢體語言表達自己

我很希望你理解我，但我又不知道怎麼開口。我就用厭煩、冷漠、焦慮等表情傳達給你。當我邊搭火車邊工作時，要是隔壁有個嬰兒咿咿呀呀吵個不停，我煩之又煩，又不好意思說，我就會做出一些不耐煩的表情，希望孩子的媽能讀懂，理解一下我這個正在工作的人。很多習慣討好、不會拒絕的人會選擇如此表達。

・用心靈感應來表達自己

即我什麼都沒說沒做，但我希望你能理解我的處境，理解我的哀傷。好似你既然活著又還沒瞎，就應該理解我啊。

當我這麼總結出來，你會很容易發現：一步比一步難以被理解，一層比一層對他人的要求更高。

假設別人的理解能力為恆定值，你怎麼減少他人理解的難度，就是你的責任了。你不能自己都表達不出來，還想要求別人比你更清楚。然而，我們恰恰是：**自己對自己不清楚，才會如此渴望別人理解自己**。

一個個地來解析：

・真誠表達自己是困難的

如果你自己都不知道自己怎麼了，你就很難說清楚。當你對自己的內在狀態很清晰，知道自己發生了什麼，你就很容易組織出語言來表達，並且能根據對方的理解程度多方位組織語言。

如果你靜心養了十年豬，你對豬的印象就非常清晰，也就能用一百種方法為一個沒見過豬的人描述清楚豬是什麼樣子。但是如果你沒見過豬，只是在教室裡聽過，那麼你給另一個人講豬的樣子時，就很容易這樣想：你怎麼這麼笨，一點都不理解我在說什麼。

假如，你把自己理清楚了，知道自己怎麼了，你也會同時發現，其實你沒那麼需要別人理解你，你自己理解自己就好了。

人們之所以不被理解就會感到不爽，是因為期待對方能替自己完成自己做不到的事。

如果自己也不知道要表達什麼，潛意識裡又渴望自我能夠表達清晰，就會期待他人能夠理解自己，以讓自己借助於他的理解而變得清晰。

・能夠辨識出自己真正的想法是困難的

如果做不到，我就會透過表達我不想要什麼來表達自己。也就是：你這麼做不是我要的反應，這麼做是沒理解我。我要透過指責你來糾正你，要求你一次次試錯，直到你猜對為止，這樣我就爽了。但這時，別人理解你的難度也增加了。

當你不清楚自己想吃什麼，就會透過表示不想吃漢堡、不想吃火鍋、不想吃泡麵等，來讓別人猜測你到底想吃什麼。如果有人願意陪你耐心地玩還好，但通常人們在被指責後會喪失繼續理解你的興趣。所以你會感到更加挫敗無助：為什麼你都不理解我！

一個真實想法不夠清晰的人，通常是因為自己忽視了自己太久。潛意識裡覺得自己內心真實的想法不夠重要，長期以來不被人看見，所以他為了好受些，會自行掩蓋真實的自己。

這樣的人通常有如此的童年：表達自己想法的時候，會被罵；有自己需求的時候，會被禁止。只有服從大人的想法和要求才能活下來，所以只能學會忽視自己，不能有自我，因為自己是不被看見和允許的。

於是長大後，就延續了這種自我忽視。自己忽視自己，卻渴望別人理解你、重視你。

・反面表達也未必能被允許

如果我透過指責你怎麼可以這麼想、這麼做，抱怨你怎麼可以誤會我，嫌棄你怎麼可以對我有那麼多的要求，就會傷害到你。

表達是危險的，表達可能會傷害別人，可能會被拒絕，那簡直太難接受了。所以這時候人只能在心裡默默抱怨別人怎麼這麼不理解自己，然後透過各種暗示，企圖讓別人理解自己。也就是：我不直接表達，以此來保護自己。但你要理解我，要滿足我被理解的需求。

・無論用正面語言、反面語言或表情，起碼還能發出希望別人理解自己的信號

當一個人從小到大被理解的經驗很少，潛意識裡就會根據這種經驗形成「我怎麼表達都不會被理解」的想法。

於是，他連用否定表達和用表情表達都放棄了，因為在他的經驗裡，這也是無效的。但他還是需要被理解，所以當別人什麼都還沒做，就會直接激發他的自戀性暴怒：為什麼你都看不見我在忙，為什麼你都看不見我現在狀態很糟糕！為什麼你這麼不理解我！

這就是用心理感應來表達，希望別人能感應到自己的想法，如同嬰兒時期對媽媽絕對關注的需求。

理解是什麼？我們為什麼那麼需要它？

・理解就是，我希望真實的自己被你看到

我需要你的回應，才能確定我是存在的。我太害怕自己的內心被環境吞沒了，我需要你隨時看見我，需要跟你共生，才會感覺到我不是一個孤零零的無助的個體，不會隨時被吞沒，我才能活下去。

所以我要花費很大的代價，來獲得你的理解。

・理解就是，我要抓住你

如果媽媽過多忽視孩子，沒有理解過孩子，那麼這個孩子就沒有體驗過這種被理解、被看見的感覺，就不會相信自己是重要的，也不會投入很多精力在理解自己上。在被理解上，他就有了缺失。

小時候缺的東西，長大後就會一直要。也就是說，長大後，無法重視自己，無法拿出精力來梳理自己，而會把精力都放到別人身上；渴望別人來替他做到，渴望別人能夠理解他，看見他的存在，聽到他的聲音，給予他很多關注。他會渴望：「你若懂我，該有多好。」

他會對別人的理解有一種很強烈的需求。別人不理解他，就啟動了他被拋棄的經驗。強烈地渴望被理解，就是渴望再次實現跟他人共生的願望，彌補當年沒有實現的跟媽媽共生的遺憾。

一個人格健全的人，其實對別人的理解沒有那麼強的需求。被理解了很好，被誤解了也很正常。人活著就是不斷經歷被誤解。而且被誤解的好處也非常多：**透過被誤解，我們學會了閉嘴，把過多投向他人的注意力轉向了自己**，聚焦於自己內心的體驗，進而提供更多自我認識的可能。

透過被誤解，我們確認他人和我們的界線在哪裡，清楚他人和我都是不同的獨立個體。

因此，一個健康的人格應該是這樣的：**我對自己有著清晰的認知**。

我對自己的內心和感受有著足夠的重視和了解，所以當我選擇表達，我就能夠很好地表達給你，讓你理解我，讓我們的關係更近。當我發現因為你的理解能力問題而需要耗費我過多精力，並且不怎麼有必要的時候，我就選擇不表達，哪怕你會誤解。但我仍舊是我。

我有著良好的自我邊界。我能夠不依賴於你的回應而看見自己，聽見自己。因為我存在了，所以我也能看見你、聽見你，能夠發現你的存在，聽到你所不能表達完整的話，看到你因為害怕而遮掩的心，從更深處理解了你。

我對你是有界線的，不想跟你共生，就不會害怕傷害你而不敢做自己。

至此總結一下，就是：如果你太介意別人不理解你，那麼一定是——

- **你缺乏自我邊界，想跟他共生，把他當成媽了。**
- **你把該放到自己身上的注意力放到他身上了，他變得比你自己還重要了。**
- **你太忽視自己了，沒能自己理解自己。**

你該去學學邏輯、語言表達等能幫助你辨識自己內心真實想法的課程。

最後，作為一個正常人，你不能要求自己沒問題。

因為有問題的人，才是正常人！

所以，我只是想說：別人不理解你很正常，你不爽更正常，只不過你要知道這是你的問題，如果能知道問題出在哪個層面上，就更好了。

脾氣暴躁是怎麼回事？

憤怒是對恐懼的防衛。
我們太害怕受傷了，所以企圖用憤怒喝退敵人。

有些人總是忍不住脾氣暴躁，動不動火冒三丈，摔杯子砸碗，能嚇活個死人。

以前我挺害怕他們的。我有脾氣不太好的爸媽，從小就在叮叮　聲中長大。長大後，我也成了一個脾氣不怎麼好的人，在親密關係裡動不動就一驚一乍，暴躁得很——你終究會在親密關係裡複製當年的父母。其實我也很想改，但是怎麼都改不掉，直到後來學了心理學，才慢慢理解了，消化了。

所以我很能理解脾氣暴躁。

脾氣暴躁的人，從心理動力來看，真的挺可憐的。

脾氣暴躁是我們潛意識在感受到危險有可能出現的時候，所做出的壓力抗爭反應。注意，是潛意識裡感受到的危險的可能性，而非真實的危險。

如果一個人對這個世界充滿了不安全感，對人充滿了不信任，他隨時都在無意識地做著壓力準備，身體是硬的、緊繃的，容易感受到焦慮，經常性心跳加速、心慌等。他無法跟人建立親密的深度關係，他要隨時準備著反抗。因此當他感受到危險的可能性，就會自動化應對，開始跟你打仗：調動全身心能量，啟動壓力機制，努力發出聲音，用盡渾身力氣一股腦地攻擊你，想要喝退敵人。這就是脾氣暴躁。

他太害怕被傷害了，而且感覺隨時都可能被傷害。

你在後面突然輕拍一個人，不同的人會有不同反應。安全感高的人，會慢慢地回頭看看那是誰。安全感低的人，會驚一下甚至叫出來。安全感低的人，潛意識裡會覺得這個世界充滿了敵意，是十分危險的。而且他不相信有人能安撫他，因為他就是這麼長大的。在他成長的世界裡，到處都是危險，他隨時都在壓力反應狀態下。

在我們的課程裡，有學員發出過類似的疑問：丈夫的父親性格暴躁，小時候做錯事了就是一頓暴打。現在丈夫的脾氣也很差，一點小事就暴跳如雷。對此，這個學員既害怕又擔心，不知道該怎麼面對而想離婚。

這個丈夫就是在這樣一種緊張的家庭氛圍中長大的。對於小孩來說，面對父母的爭吵、批評、責怪甚至暴打，他不得不隨時準備好應對。緊張起來、有準備地被打罵，要比在正放鬆享受的時候被打罵，好接受多了。

「家」這個字眼本來是溫暖和港灣的象徵；父母，本來是支援和接納的代名詞。當原本最安全、最可靠的事物都變得隨時充滿了危險，那麼孩子在成長的過程中還能依靠什麼呢？他只能隨時做好應對危險的準備了。

在小孩的世界裡，他還需要一個好的父母給他安慰、支持、保護，他還不太具備承受能力。那麼，在這種情景下，小孩首先就會選擇退縮，看起來文靜、內向、老實、怯懦，因為他的能量處於收縮狀態。但，一旦有個安全的環境出現，他就會選擇爆發。

「安全的環境」的意思是，我評估到這個環境我應對得了。外面的大千世界，我知道我打不過，我只能選擇退縮來保護自己。但是在安全的環境裡，我就敢於反抗了。所以脾氣暴躁，通常發生在對此人而言安全的人身上：家人、戀人、孩子，以及看起來很弱的陌生人或下屬。一點點小的刺激，對他來說都會激發危險的體驗。

而對於被評估為不安全的環境，人則會用理性、客氣、逃避等方式來抽離感受，保護好那個真正的自己。因此，也許你只是好言對他、正常說話，卻會不小心戳痛他，因為他潛意識裡體驗到的是被啟動的危險。

他自己不一定知道他害怕，他只是很憤怒。他就是莫名其妙地忍不住爆發。

但其實，他需要的是安撫。

憤怒本身就是對恐懼的防衛。我們太害怕受傷了，所以用憤怒喝退敵人。

就像是受了驚嚇的小孩，很需要媽媽的一句：「寶寶不怕，有媽媽在。」然後寶寶會哇哇大哭，哭的過程一直得到安撫，於是他就安心了。

人長大後，脾氣暴躁，也有著同樣的體驗，那是受驚的體驗。他也需要一種安撫。哇哇大哭已經成了嗷嗷大叫。他需要在叫後聽到：「別生氣，我在；別怕，我在。」

這時如果你逃避、想離開，就會激發他更大的暴躁，因為對他來說，一切變得更危險了。如果你能看到他生氣背後的恐懼，你就走近了他。你能貼著他的恐懼，他就不會暴躁。

當然，這需要你有較高的安全感，你能在他咆哮、暴躁時，不感覺受到了驚嚇，而只是看到了一個受傷的小孩。

這種能力源於你童年沒有被過度驚嚇過。或者，你在心理師那裡得到過良好的修復，又或者，你被另外一個人溫暖過、療癒過。

如果你沒有能力接住，那就會變成互相傷害。

我們每個人都可能是脾氣暴躁的人——當你感受到的危險，達到了你的反應值。暴躁，只是想讓你看到那個受傷的小孩。

如果你脾氣暴躁了，你也可以試試跟自己內心的害怕待一會兒，看到其實沒有危險。你也可以一致性地表達給自己：我此刻很需要你看到我，很需要你安撫我。

如何避免成為負能量爆棚的人？

負能量的人總是在忽視別人。正能量的人，願意看見別人。

何謂「負能量爆棚」？

有這樣一些人，渾身充滿了負能量，嚴重到了爆棚的等級。他們大致有這些特點：

- 攻擊性強，喜歡評判，愛抱怨，看不慣的多。
- 自戀、自以為是、清高，總覺得自己是對的、有理的、高級的。
- 情緒思考消極、悲觀，有時顯得滑稽且不合理。
- 覺得自己處境很可憐，雖然真的很可憐。
- 又可氣又可恨，總讓人想到可憐之人都是可恨的。

・絮叨、重複性話語多；有時有氣無力，有時振振有詞。
・你靠近他，會感覺像掉到漩渦裡一樣，能量都被他吸走了。一開始你可能還會想著好心勸勸他，但是幾個回合後，你馬上就陷入無力感。
・你如果想幫他，他能激發你的無名火，讓你憤怒。
・最重要的特點是——他們缺乏現實檢驗能力，缺乏基本的自省能力。是的，他們不自知。

我經常給這樣一些人做諮商。原理上我知道該怎麼給他們做心理諮商，但是在精力、能力、體力上，我必須要做好十分充足的準備，才敢接這樣的個案。因為我要有足夠的耐心、洞察力、承受力，來推動他們自省，內化正能量進去。

負能量爆棚的人，他們的心理世界是這樣的：

你欠我的。

你應該為我負責。

你應該這樣那樣做。

你幫我、愛我、為我做、照顧我是應該的。

你做不到、不按應該的做、不對我付出就是你不好。

你做不到是你不好，你就是混蛋，就應該下地獄受懲罰。

他們把別人對他的愛和付出當成理所當然，毫無感激之心，他們拿很多「應該」去要求別人付出，他們大有貪心不足之勢。一開始你想滿足他，因為你善良、你愛他、你想對他好，因為你同意他的「應該」，也覺得自己應該去做，但是後來你發現這不僅是個無底洞，還會背負上罵名。

你是否也常聽到：「××就是應該……」

「男朋友就是應該……」、「女人就是應該……」、「員工就是應該……」、「老闆就是應該……」、「孩子就是應該……」也許你本來想為他做些什麼事，但是在面對這樣的話時，你就會失去付出的動力，瞬間轉化為反感。

從客觀上說，這些可能的確是應該做的。但是你作為被滿足者、受益者說出來，讓它成為一種強迫和不得不的時候，馬上就會激發出別人內心的反抗。

在一段感情裡，「男人／女人就是應該……」是殺死感情的毒藥。在公司裡，常說「老闆就是應該……」的員工，是最難以晉升的，甚至容易被開除。總覺得「員工晉升應該……」的老闆會失去人心，最終導致業績低下。

人之所以不喜歡被這麼對待，是因為這些人，他們強大的需求吞沒了你，讓你的自我沒有任何方法可以得到彰顯。你對他們的付出，是不被他們看到的，是被忽視的。你做的所有事都是被忽視的，除了滿足他，你的自我是不能存在的。這時，人除了抵抗和逃跑，別無他法。

所以負能量的人，經常遭遇拒絕、憤怒和冷暴力。

被看見是對一個人最大的安慰，被忽視是對一個人最大的酷刑。

我們之所以願意持續為一個人付出，有時不是他回報了我們什麼，而是他看見了我們的付出。

如何避免成為負能量傳遞者？

你可能成了一個充滿負能量的人，正在被討厭著，卻未必自知。

但你可以檢查你自己：你是否會用「××就是應該……」的句子去要求別人？是否會覺得別人理所當然地就應該為你做點什麼？即使那是件很簡單的事。

我們課堂上有個同學問我，為什麼她的老公總躲著她，對她冷淡，問我該怎麼辦。我教了她兩句正能量的話：

・**「我可以為你做些什麼呢？」**

這是一種願意看到別人的需求，並且願意在自己能力範圍內幫助和滿足別人的心。

・**「謝謝你為我做了這些。」**

即使別人做了理所應當的事情，也說一聲謝謝。謝謝的意思是：我看見你了。你所做的，都是有價值的。無論對方做或沒做，付出或沒付出，我們都可以看到他們的存在對我們的意義，都可以看見對方。這種看見，會促進兩個人的連結，讓人願意做得更多。

負能量的人在忽視別人，正能量的人願意看見別人；負能量的人只有自己的需求，正能量的人除了自己的需求，還有他人的需求。

這兩者的差別就是：如**果你內在是富足的，你就願意看到別人為你做的。如果你是匱乏的，你只能盯著別人還沒做到的。**如果你跟一個人在一起，你覺得他什麼都沒有為你做，那一定是你的眼睛出了問題。

太缺了，才會見人就吸，有機會抓住就吸。這是潛意識對人的一種保護。太缺是因為從出生開始就沒被滿足過，我們把嬰兒時期對乳房的貪婪，變為成人後繼續向另外一個人的索取。

但是你需要睜開眼看看，該停停了。雖然你從來沒有被滿足過，但也的確沒有人再能滿足你了。不睜開眼，你還可以繼續閉著眼向別人索取，但是睜開眼看看，你可能永遠都無法再得到那種滿足感了，這是一種喪失。

無論什麼關係，誰都不欠你。

無論你主動做過什麼，都不必成為交換。

也沒有誰是應該做什麼的。

即使客觀上欠你了，客觀上應該做的，做不做個壞人，也是每個人自己的選擇。

如果你只想得到一次，你可以用強力、暴力、打擊、攻擊的形式要回來。但如果你想維繫一段關係，你需要看見別人，看見有的部分，這才是長久之道。

看見付出的部分，付出的部分將會愈來愈多；只看見缺的部分，缺的部分便會愈來愈多。

「你若懂我，該有多好」，是一種負能量；「我若懂你，該有多好」是一種正能量。

「你為什麼都不……」，是一種負能量；「謝謝你為我……」，是一種正能量。

你知道該怎樣避免成為一個負能量爆棚的人了嗎？

並不是做錯了才要去道歉

當一個人誤會你、批評你，你可以說聲：「是的，對不起。」他誤解你，是他能力有限，並不影響他愛你。

人際關係間的衝突，說穿了就一句話：你做錯了，卻還不承認、不道歉、不悔改。所以，我要用情緒整你一頓。

無論是親密關係、工作關係，還是普通的朋友、陌生人之間，典型的對話是——

甲：「你怎麼可以……」

乙：「我不是……」

甲：「你就是……」

乙：「我沒有……」

有時是你真的錯了，嘴巴硬不願意承認。有時則是單純地被誤會、被冤枉。然後你就會辯解、生氣甚至離開。

於是，生氣的人愈來愈生氣：「這個人明明是這樣的，還不敢承認，氣死我了。」解釋的人也愈解釋愈無奈：「你怎麼可以如此不講理，野蠻生氣，如此地誤會、冤枉、汙衊我？」

就算被誤解，也可以道歉

在我們的課堂上，就曾出現過這樣一個故事：兩個好朋友之間，A說B很自私、很自戀。然後B解釋了一下，解釋無效，就默默離開了。然後，關係卒。

你去感受一下這兩個人的動力。

A說這話的時候，實際上是想靠近B。因為B做了某些看起來像自私自戀的事情，阻礙了A靠近B，所以A著急地想用強迫的方式要求B拿掉，這樣他就可以走近B了。

但B同學體驗到的是被否定、被拋棄，所以要使勁解釋，來讓A看清真實的自己，以為這樣就可以跟A繼續保持深度的關係。B離開也是為了避免關係更加惡劣而選擇的自我保護。

兩個人明明都想靠近彼此，卻成了相互傷害，不歡而散。

我們課堂裡還出現過很多類似的故事，像是下屬被上司冤枉、批評了一頓，然後欲哭無淚，解釋不得。

從A的角度，他需要更好地學習如何一致性表達。在這個案例中，問題明顯出在了人太習慣用否定的方式表達需求，對方卻只能看到傷害而看不到需求。這裡我想從B的角度討論，怎樣可以讓關係更和諧。

當一個人誤會你、批評你，你可以說聲：「是的，對不起。」

當你這樣表達的時候，會怎樣呢？對方會感受到舒服、放鬆。因為無論你說的話是不是真的或對的，他感受到的是被回應，而不是被拒絕；他感覺到跟你連結在一起，而不是被你推開。因此，關係會被迅速打開，無關於內容層次的對錯，而是兩個人有沒有連結在一起。

認錯是一種跟對方連接上的方式。我無法改變你的頻道，所以我調節我的頻道跟你對接。而辯解，則讓對方體驗到被拒絕、被推開。

並不是錯了才要道歉，並不是真的才能承認。

記得《葉問三》開始的時候，葉問會讓兒子先鞠躬道歉，不失大師風範。對於前面的

B同學來說，一句「是的，對不起，我自私了」，會讓兩個人有繼續溝通的可能。

我認錯，和我真的錯了是兩回事。不是因為我真的錯了，而是我這麼說會讓你好受點，讓你開心。看到你開心，我會更開心。那些哄女孩子開心的男朋友們，他們真的是認為自己錯了而去說「對不起」嗎？他們更多時候只是為了讓對方開心。

我認錯，是我為了某個目的而選擇性討好，是一種靈活的策略，而不是為一場戰爭的失敗負責。

選擇性討好並非降低自尊的無奈。明明是上司錯了，我卻選擇主動承擔、背黑鍋，不是我傻，而是我願意使用這個策略。上司今天心情不好，找個碴就會數落我一頓。我認錯，是為了給上司一個宣洩點，並非我真的錯了。因為你好受了，我的日子才好過點。你不好受，最終更遭殃的還是我。我認錯，只是因為你在一定程度上能決定著我的命運，而無關乎這件事的對錯。

我認錯，和下次我會不會改是兩回事。有時對方需要的只是一個態度、一個臺階，無關乎下次。如果你有個規條是「承認了錯誤就必須改」、「做錯了是不好的」、「人不應該做錯事」，那你的人生就固定到了一個小範圍裡，只有一種可能性。你需要看看自己為什麼要這麼固執。即使你真的錯了，下次也都可能再犯，何況你其實沒有錯呢？

「我認錯」、「我做錯了」、「下次我要改」，這是三件事。我們可以把三者建立關聯，也可以不建立關聯。如果你侷限在自己的邏輯裡，生活就會刻板僵化，讓自己和他人都痛苦。

他不比你清高，但卻活得比你瀟灑

成熟的過程，則是靈活的過程，我根據情境而選擇使用不同的規則。有的人只是形式上認錯，心裡卻不覺得自己錯了，比如說圓滑的人，雖然常被你看不慣，雖然沒你清高，但他們就是活得比你瀟灑。人家照顧好大局利益就好了，不需要照顧某個人。

如果你在關係中強勢、盛氣凌人、掌握真理，你會很爽，對方卻會不爽。那你能得到什麼呢？你掌握了真理，卻失去了關係。如果一句「對不起」或「是的」，可以換來溝通的可能性，可以換來和諧，你願意說出來嗎？

你想要的是什麼呢？

是你對、你贏了，還是對方的開心和更加和諧的關係呢？

如果你有能力，你可以透過解釋、邏輯、強迫來改變對方，爭取到更多。但是當對方不可改變或難以改變的時候，你就要調整自己的狀態來適應關係了。水能大象無形，隨時調整，所以能奔向大海，被老子認為是最厲害的東西。

嬰兒的世界裡，是要求世界改變，來適應他，讓他自己感覺舒服點。成年人的世界卻是要適度地調整自己去適應世界，以讓自己獲得真正想要的結果。

有的人可能怕認了錯會使得對方變本加厲。是的，有時當你承認了錯誤，對方會進攻得更猛烈。就像是你一旦把乳頭給了一個飢餓的嬰兒，他的確會狂吸一會兒。因為他渴望了這麼久，一旦得到你了，當然要跟你多纏綿會兒。那不是對你的攻擊，而是對你的滿意，以及想要更多一點的滿足感。你可以選擇繼續承受或選擇適可而止，這根據你的需求和情境決定。

但有時候，我們真的很難在明知道對方錯了的情況下，還要說軟話；在明知道對方在誤會、冤枉自己的情境中，還要承認說「你是對的」。因為我們內心裡，有很多聖旨一般的規條限制著我們的人生。打破這些你用了半生的規條，會讓你喪失存在感，所以你可能會對其嚴防死守。這樣的規條可能是：

- 人不應該誤解他人，應該就事論事。
- 人不應該無理取鬧，應該好好說話。
- 人不應該打破規則，應該遵守公眾的規則。
- 人不應該情緒化，應該客觀、和氣。
- 人不應該按照錯的標準做事，應該按照對的標準做事。
- 人不應該……，而應該……

當你受這些規條所束縛，你的人生就陷入了單一。

為了關係而靈活

這些規條沒有好壞對錯，都是一種人生價值觀。你可以選擇堅持，也可以選擇適度堅持，還可以選擇不顧一切地堅持，直到你為了堅守自己的規條而頭破血流、關係斷裂，甚至犧牲一切。那叫信仰。但你同時也要知道，你可以為了關係而選擇靈活，不必如信仰般堅守，也就是，**「人是可以誤解他人的」——他誤解我，是他能力有限，並不影響他愛我。他的確做不到有雙火眼金睛，我也不想對他有這麼高的要求。**

· 人是可以情緒化的。人可以選擇用自己舒服、真實的方式表達，而非一定要客觀理性、實事求是。

· 人可以選擇無理取鬧。在自己感覺安全的人面前，盡情地自由自在。

這兩種對於規條的態度，你會有什麼樣的不同感受呢？

當我們做一件事或跟一個人溝通，我們有三個標準和方向：

· **把事情做對。**

· **讓自己開心和舒服。**

· **讓他人開心和舒服。**

這三者有時可兼得，有時只能得到其二，有時則只能得到其一。因此你要清楚，你最想要的是什麼。

如果你堅持要按對的標準去說、去做，你就會有意無意地拿對的標準要求自己和他人，然後兩個人都不怎麼舒服。我見過一個極端的例子：一個超理智的媽媽認為「答應了就要去做」是一件正確的事，所以她在答應八歲的兒子週日去公園玩後，雖然當天下起了傾盆大雨，她還是帶著兒子去公園玩了，最後因為下大雨，什麼也沒玩成，白折騰了一趟。這件事裡，就是：雖然做對了，但兩個人都並不舒服。

如果你在受委屈時發了一頓火，或因不想面對而選擇了離開，你會很爽、很舒服，但卻做了一件讓對方受傷、也未必對的事。比如，如果你認為「情緒化是錯的」，那麼你發火的時候，就做了一件讓自己很爽但卻是錯的、讓對方不舒服的事。所以你可以選擇辯解或發火，只要你清楚你的目的是為了讓自己爽就好。

但如果你要選擇讓關係和諧，你就要適度用一用「選擇性討好」，去做可以讓對方舒服，卻可能會給自己帶來些許不舒服，以及可能會違反你關於「對」的標準的事。

人生可以有對錯，也可以沒有對錯，但最終都只是選擇問題。知道自己要什麼，然後選擇一條最適合的路就好了。

也許你以前只有「對錯」這個標準，萬事皆按對的標準來做，這樣會讓你感到熟悉和安全。但是現在，你可以選擇成長，選擇看到更多的選擇：

你可以按照對方舒服和開心的方式去做，管它對錯，為結果服務就好。

你可以按照讓自己舒服和開心的方式去做，管它對錯，傷害了關係又怎樣。

你可以在這之間做一個平衡和排序，按照你想要的結果適度選擇。

準備好承擔，就可以去選擇；沒有準備好，也可以去選擇，反正還是你承擔。

你以為優秀了，就被別人喜歡了？

一個優秀的人，能建立很多關係。
但卻無法與他人建立長久而和諧的關係。

「你只有優秀了，別人才會喜歡你啊。」
「你只有做好了，別人才會接納你啊。」
在我們的成長課上，經常有學員出現這樣的邏輯。
然後，他們就會在生活中有這樣的表現：

・努力追求優秀

雖然追求優秀的人不一定都是為了讓別人喜歡，但還是有很多人是因為認定「只有優秀了，才會被別人喜歡」而努力想變優秀的。他們有個基本價值觀就是：我做事情就要

做好，甚至要做到最好。他們不能接納自己做得不好，不能接納自己表現不好，所以就會各種累、倦怠、無助、自我否定、孤獨，甚至迷茫。沒有人支持，沒有人理解。他們所在乎的是，他人眼中的自己是否優秀。

・在乎自己的形象

他們在社交中，會在意自己穿著是否得體，言語是否大方。然後他們會有著很多的心理活動：我這樣對不對？合不合適？恰不恰當？會不會被嫌棄、被嘲笑……繼而為社交焦慮。他們所在乎的，是他人眼中自己的形象是否是好的。

・看起來很關心別人

我這麼說這麼做好不好啊、合不合適啊、會不會給別人添麻煩啊、會不會影響到別人啊、他會怎麼看我啊……繼而出現社交緊張。他們所在乎的，是自己是否是個好人。

・很能裝

我們知道一個人注定不能完美無缺，當一個人在社交中總是想表現得好，就會有意無意彰顯自己好的部分，掩蓋自己不好的部分。他們很在乎自己做得好不好。

・迴避社交

當一個人社交時，要努力做些自己不想做的事，一點都不放鬆，自然就愈來愈迴避了。即使意識上知道，這是一件「應該做」的事。世界上需要見的人，大致也只有這兩種：不洗頭可以見的，洗了頭才能見的。當前者數量幾乎為零，後者數量非常龐大的時候，人就會愈來愈趨於迴避社交了。

很累，很難受。

建立關係的動力與阻力

我很難跟前面所說的這類人建立深入的關係，因為他們眼裡只有自己。或者更準確地說：他們在乎自己的形象，超過了在乎對方。

我們願意跟一個人建立關係，願意喜歡他，基本上有兩種情況：一，他很優秀；我想靠近他，因為他的優秀能給我帶來直接或者間接的好處。二，他讓我舒服；跟他在一起的時候，他的某些特質讓我感覺到我很放鬆、很滿足、很開心。

換種表達方式，就是：「你對我是否有用」，我喜歡的是你擁有的；「你對我是否有感情」，我喜歡的是你這個人。

所以，我從來不反對人為了得到他人的喜歡而變得優秀。工作兢兢業業，賺很多很多

錢，變得很漂亮、很好看，掌握很多很多知識，博學多才、博聞多智、博財多金——因為他們真的能得到他們想要的喜歡，至少看起來是這樣的。

然而，他們卻很難有一段持久的、和諧的親密關係，甚至不能有些好兄弟、好閨密，不能有那種無話不談的人。因為他們要時刻在意自己好不好啊，哪有精力看到別人？

透過優秀去建立關係，可以建立很多關係。你可以成為公眾人物，或者公司的大小上司，因為你的確可以讓很多人都願意靠近你。但是你卻不能建立深入、親密、高品質的情感關係。

高品質關係並非源於你優秀與否，而是取決於跟你在一起時，對方是否舒服。

那麼，我們在一起的時候，你做什麼我才會舒服呢？

不是你多厲害，而是你是否願意看見——

當你跟我在一起，你是否願意關注我、認可我、接納我、理解我、看到我？

當我否定自己，你是否能支持我？

當我感到悲哀，你是否能陪伴我？

當我勞累，你是否能幫助我？

當我需要你，你是否能出現在我的面前？

看見別人，比變得優秀更重要

曾經，有隻小豬掉到坑裡了，爬不上來。

坑上面，有隻小鹿。小鹿望了望小豬，說：「我美不美？帥不帥？厲害不厲害？優秀不優秀？智商高不高？」

其實，小鹿是多麼想跟小豬建立關係啊。

還有隻小兔，牠看著小豬說：「小豬小豬，我怎麼樣才可以幫你？」

小豬說：「你去找條繩子。」

小兔找來了。

小豬說：「把繩子扔下來。」

小兔扔下來了。

小豬說：「你傻啊，你要握住繩子的一頭啊。」

小兔跳到了坑裡，握住了繩子的一頭，說：「現在我握住了，然後呢？」

也許小鹿和小兔對小豬來說，結果都是一樣的，沒人能幫得了牠。但是小豬會喜歡誰，願意跟誰建立情感上的連結呢？至少在心理上，小兔看見了小豬，讓牠體驗到了部分滿足。

所以，我們願意喜歡一個人，願意靠近一個人，跟他建立深入的關係，有很大的動力

是來自於：你眼裡是否看得見我，是否懂得我的需要，即使你很矬、很笨。

有的女孩嫁給了優秀的、開BMW的人，卻獨守空宅；有的女孩嫁給了會哄她的、擺地攤的人，但其樂融融。

當然我們不需要對立。開BMW和會哄女孩，可以同時兼得；優秀和看見別人，也可以同時兼得。只是我想說的是：你的目標如果是跟他人建立關係，讓身邊的人喜歡你、接納你，那麼，看見別人比變得優秀更重要。

盲目地追求優秀、高大的形象，會占據你大量的時間和心思，讓你的精力總在關注自己好不好，而不會有太多的精力關注別人。

他人確實會被你吸引，嘗試靠近你，但終究又會被你的自戀和自私推開，無法跟你建立深入關係。反之，當你學會了跟別人建立關係，看到別人的需求，那麼你就擁有了很多很多資源，反而更容易變得優秀起來。

馬雲在創業時說過：「阿里巴巴的任務，並不是要做成功，而是要幫助每個做生意的人成功。」你幫他們賺到一百塊錢，他們自然願意給你五塊錢。

結果就是阿里巴巴比每個做生意的都有錢。

關注自己和關注別人，效果是完全不一樣的。

接著我們討論一下，為什麼會形成「優秀了，別人才會喜歡你」這種奇怪的價值觀。

因為早年爸爸媽媽就是這麼對待你的。

雖然他們可能沒有義正詞嚴地說過，但是話裡話外都會透露著些許：你要優秀啊，你優秀了我才愛你啊。長大後，你就會帶著這種感覺看待別人：「我表現完畢，請檢閱。」

優秀準備完畢，請指示，你是否喜歡我？

在小孩眼裡，爸爸媽媽是完美的，他們掌握了無限的權力和資源，他們對我們很重要。長大後，我們眼裡的他人也是如此，我們把他人理想化，認為他們也掌握了喜不喜歡我的權力，而完全看不見真實的他們。

真實的他人就是：他們有脆弱，有哀傷。也害怕不被喜歡，害怕會做錯事。他們也需要被我們赦免，需要我們主動，想聽我們說「沒關係」和「你真棒」。

這就是我們為什麼要成長的原因：為了能和他人建立穩定的、持久的、親密的、深入的情感關係。

我為什麼有時候難以讚美別人？

一個習慣自我攻擊和批評的人，就會用這套熟悉的方式來待人。

讚美別人是一種美德，如果讚美得用心的話。

但這種美德，對很多人來說常常是艱難的，甚至是缺失的。

為什麼我們無法讚美別人？

我們都知道由衷地讚美一個人，有很重要的意義。在伴侶關係中，一句真心的讚美，可以讓很大的衝突暫時化解為和諧甜蜜。在同事或朋友關係中，一句真心的讚美，可以迅速拉近彼此的關係。

對於讚美，我們很多人總是用得太少，要的卻太多。雖然它不需要什麼金錢成本，但

使用起來卻需要很高的心理成本。

也就是，我們在對一個人表達讚美之前，通常需要花點力氣去搜索自己的詞彙；即使找到了詞彙，也需要花點力氣去決定表達；即使決定了去表達，也需要一個大的推動力去張開嘴發出聲音；即使發出聲音，我們的語言又常常詞不達意。

更多的時候，是我們不願意發現別人的好。對於伴侶和親密的人，莫不如此。

對於身邊的人，我們能發現別人的好，可我們更多的是羨慕，有時候會嫉妒，偶爾會恨。不過我們不太想告訴他。

羨慕的意思是：我也想和你一樣，擁有這些好。

那麼，為什麼我們不願意發現別人的好，或者不願意對他們本人表達呢？

因為我們潛意識裡有個邏輯：好只能有一個。如果我把好給了你，我就不能好了；如果我承認你好了，就意味著我不好了——如此簡潔的二元邏輯。

如果我們之間的好只能有一個，我會毫不猶豫地把它留給自己。所以我不願意誇你。誇你，等於損傷了自己。

我們潛意識裡無法確認自己是好的，所以一定要透過跟你比較，才能感受到我是好的。我們有著嬰兒一樣的幻想：只要我不說你好，你就不是真的好。只要我不去發現你的好，你就不是真的好。

反之，我還要找到你不好的地方，並大方地告訴你。

表面上看起來，你是真的不好：長得不夠漂亮，腦子不夠聰明，著裝不夠得體，工作不夠出色，學識不夠豐富，態度不夠認真……但是潛意識裡，我為什麼要發現這些不好，而不願意先發現好呢？為什麼我願意表達這些不好，而不願意表達好呢？

因為我要賦予自己這樣一個資格：我有資格評判你。評判你，我能獲得一點優越感；找出自己比你好的地方來表達，我就能在這個時刻感受到我是比你好的；我不會在自己比你差的領域裡評判你，我只會在我比你好的方面評判——借助於發現你的不好，可以顯示出我的好。

所以，**我們責怪一個人不好，很多時候只是表面上我們覺得他不夠好，其實在我們更深層的心理世界，我們這麼做只是為了凸顯自己。**

潛意識裡，關注自己比關注別人重要多了。

我還有另外一個手段：誘導你說我好。其中，有三個誘導級別。

1. **表現出我好的一面給你和別人看。**發好看的貼文，穿好看的衣服，讀深奧的書……
2. **當這些都不能讓你主動說我好，我就暗示讓你說我好：**說話有意無意地帶點優越感，比如自己去過哪些地方、知道哪些道理、有著怎樣的背景。
3. **當這些暗示都無效，我會直接要求你說我好：**看看我這件衣服漂亮嗎？我是不是很

厲害？我敢說，我絕對是全國最好的×××。

那些炫耀、優越感、自我吹捧、自戀的背後，有著太低的自尊水準，這樣的人太害怕別人看不到他的好。因為他們內心深處並不覺得自己好，才需要處處獲取證明。他們才是可憐的窮人，可憐巴巴地想要你說一個好，好讓他有一點點滿足感。

如果你善良，就不要識破他。他要，你就給他一點。

如果你因為他的這些行為不舒服了，是因為你也想這麼做，卻被他先做了；或者你也想這麼做，卻做不出來——你明明也需要別人都說你好，又怎麼能允許他這麼愛表現自己。

有時我們是有能力表達另外一個人的好的。有兩種情況：

一是，這個人比我差太多。我在他面前，已經獲得了很強的滿足感；我在他面前的存在感已被充分認可，不需要任何其他形式的證明了。所以我敢於鼓勵他，敢於表達他的好。比如老師對學生，因為老師本來就比學生厲害，所以老師敢於發現學生的好。但是老師和老師之間卻很難由衷地表達對方很好，最多能客氣地說你不錯，這還是為了凸顯自己的修養。

另一則是，這個人比我強太多。在他面前，能和他產生關係本身就給我滿足感。比如對某個厲害人物，讚美他不會讓我感覺到我很差，反而會讓我感覺很好。我願意在他面前臣服自己，這不會讓我感覺到自尊水準受損。

相反地，我們如果難以讚美別人，潛意識裡一定發生了這樣一件事：他跟我水準相當，或者比我好一點——在你面前，我無法確認自己是好的。

這是潛意識裡的，並不是角色裡的。媽媽不肯讚美孩子，也是因為媽媽無法在孩子面前找到絕對的自信，潛意識裡認為自己和孩子一個水準。伴侶之間、同事之間的無法相互讚美，也是如此。

「讚美很假」是藉口

你說：「讚美很重要，可是要我讚美一個本來就不好的人，我會覺得很假，更不願意說。」

這其實只是一個藉口。世界上並不缺少美，只是缺少發現美的眼睛。你可以透過這兩個方式來做得不假：

· **看到他好的一面，選擇性表達**

這也是半杯水理論：這裡有半杯水，你看到空的部分呢，還是看到有的部分呢？

・從多個視角去表達

世界上沒有絕對的好壞之分，只有視角不同。不同的視角下，會看到不同的好壞，好壞也因為視角不同，而有了不同的定義。

比如最簡單的劃分：大眾視角和個人視角。從大眾的角度看，××行為和××表現的確是不好的，但是就沒有可以從這個部分裡看到的好的視角嗎？

懶惰不好嗎？有時候懶惰是愛自己的表現。發脾氣不好嗎？發脾氣運用得當，就是一種敢於發出自己聲音的行為。胖不美嗎？搭上你這件衣服，會顯得很有氣質。怎麼？你說沒有氣質？那是你的審美可能出了問題。你說大家都覺得沒有氣質？用「大家都」來證明，那你就到了大眾視角。你不可以擁有你獨特的審美嗎？畢卡索的畫到底是好看還是不好看？除了大眾視角，你還可以有個人視角。

世界上並沒有壞，只有被看錯了角度的好。

無法讚美別人，本質上就是無法讚美自己。

我無法發現自己的好，對自己充滿了攻擊、批評，經常發現自己不好。我不知道該怎麼去悅納自己，我對自己的要求很高。所以讚美對我來說太陌生，我只會用熟悉的方式，即我對待自己的方式對你：發現不好。

所以，如果我對你不夠寬容、不夠欣賞，對你有過多的挑剔、責怪，那一定是因為我對自己也是這樣的。這不是你的錯。

這是因為我太愛你，才把你當成了自己。我不想我們之間有界線，我就把你當成了我。

自尊心強是因為太自卑了

愈是強調什麼，表示你愈匱乏什麼。

自尊心強的人，在理解他人這件事上會出現很多困難。

在OH卡課上，我們經常會練習如何理解別人，貼著別人的感覺走。設身處地地走到另外一個人的心裡去，體驗他的感受，理解他為什麼會有這樣或那樣的行為。

我常講，OH卡的精髓就在於它可以幫你走進另外一個人，成為他並保護著他，讓他可以在你面前有更多流露和綻放。那一刻，你們是在一起的。

總有些人會把走進另外一個人的世界，變成讓另外一個人走進他的世界。遇到跟他價值觀不一致的人時，他會不自覺地對其加以批判，然後想改變並控制對方。比如說，有個同學說到她就是不願意付出、也不想付出，只想索取。然後跟她搭夥的同學就會表現出不屑和控制，就是想讓她明白：人就應該學會付出，懂得感恩。

我會提示這個同學：為什麼她會害怕付出？是什麼樣的經歷讓她對付出都害怕？她此刻的內心世界是怎樣的？

說說控制欲與自尊心

這類人在生活中也會呈現出同樣的姿態：控制欲強、自尊心強。

在他們的兩性關係裡，也會表現出這種姿態：伴侶跟自己不一樣時，第一反應不是去理解他為什麼如此，而是急著要糾正他。我們課程裡有個同學，她老公愛拖拉，不守時。每每如此，她就焦慮到不行，經常大吵特吵。她堅持信奉「人就是應該守時」、「人就是應該為工作負責」，然後想把老公也掰成這樣。雖然她每次都失敗，但屢敗屢戰，樂此不疲。

我引導她，讓她發現自己其實是以自我為中心的，她表現出了一點點羞愧感。然後她問我該怎麼辦，我直接告訴她，每天對自己喊三十遍：「我是你的僕人，我的存在就是為你服務的。」

她接受不了。

凡是讓你感到受不了的，都是觸動到了你的情結。你有傷疤，才會一動這個部位就疼。

一個健康的人格，應該能屈能伸，能高能低。這才能確保和他人平等。但很多人卻將

平等理解成了：有時候我們一樣高，有時候我比你高，但絕不能允許我比你低。

這個部分就是出於自尊。他們會感覺，如果我為你服務，以你為中心，跟你道歉了，我就沒有自尊了。

他們在工作關係裡也是這樣，受不了客戶的趾高氣揚、挑剔，經常有「老子不願意伺候你了」的感慨。有時我能深深感到「可憐之人必有可恨之處」，你會發現那些在工作中混得不怎樣的人，自尊心格外強，恨不得全世界都以他為中心。那些成功人士卻多謙和、寬容、能以別人為中心。

成功更多拚的是人格，而非機遇和能力。一個人活得窮苦，跟他的性格有很大關係。

親密關係也是如此，自尊心強的人會把親密關係處理得一塌糊塗。當一個人把自己當成受害者，通常是他在關係裡做了很多讓對方窒息的事。

無論是親密關係、普通人際關係，還是諮商關係，最怕自尊心強的人。人自尊心一強，是無法理解他人的。那時你只關注自己，沒有別人。

控制欲強也是自尊心強的一種表現，因為他要把別人都變成他那樣，來證明他是好的、是對的。不要說你本來就是對的，哪有什麼一定和必須？

一個人之所以自尊心強、控制欲強、不能理解別人，是因為他無法走出自己的自戀。

他需要很多外在的配合和證明，來證明自己是好的、對的。當他需要改變他人和環境來配合自己，其實已經說明他自己是不自信的了。

因此，自尊心強的意思就是：你要以我為中心。你不能表現出對我不好、蔑視、打壓、不尊重、不聽話，你的動作要按照我的旨意來完成。

而一個真正有自尊的人應該是這樣的：

我確定我是好的，我的本質不因我所處的環境而改變。即使我處於被侮辱、打壓、控制的環境裡，我也是好的。我不會因為你怎麼對我，而變得好或者壞。因此你的蔑視和否定是你的事情，我並不需要認同。只要我心裡沒有「我不好」的概念，就不會被擊中。我上得了殿堂，被眾星捧月；也下得了谷底，不卑不亢。

真正的貴族就是這樣，即使淪落街頭、衣衫襤褸，他也和其他乞丐不一樣。他會被人尊重，因為他尊重自己，相信自己是好的。所以他能東山再起，而其他乞丐就很難翻身。

相反地，只有我潛意識裡覺得我真的不好，我才會害怕你說我不好。自尊心強，是因為你在潛意識裡覺得自己太卑微了，而又不願意承認，為了阻止真實的自己出來，你就要堵住自己的嘴，控制住別人的手。

一個人愈是強調什麼，他愈是匱乏什麼

玩OH卡時，這個定律就非常好用，你聽一個人描述卡牌時，重複的詞是什麼，基本上就會知道他這個人缺什麼了。

全世界都圍著我轉，就可以逃避「我是不好的我就會死」的死之本能，這是人類都有的一個自戀幻想。我們滿足它的管道無非有二：

1. **我要控制別人，改變別人，透過討好、委屈、抱怨、指責、強迫，或以正確的名義要求別人等方式，來實現讓別人服從於自己的目的。**
2. **我確信並堅信我是好的，我不需要別人圍著我轉，我本來就是好的。**

第一種方法會讓你愈來愈孤獨，第二種方法會讓你成為一個柔軟、謙卑、寬容的人，愈來愈和諧。

我們想跟另外一個人建立關係，就要先走到他心裡去，理解並尊重他。這個過程也就是：放下自己的自尊，放下企圖讓他以你為中心的幻想，從自己的世界裡走出來。此刻，你要以他為中心，你所有的想法和行動，都是為他服務的。

凡是他要的，你就給他，你們的關係就會密切。表現形式就是：我願意成為你的僕人，圍著你轉，照顧你的每個想法。

有人會反駁：憑什麼我給他，他怎麼不給我，繞著我轉呢？誰缺誰要，給不出是因為你自己缺，索取則是因為你更缺。

那麼，這樣不會縱容他、慣壞他嗎？

並不會，你是高自尊的，就會是有界線的，這不同於討好。你照顧他的想法，只是暫時放空自己，並非放棄自己。

高自尊的人會感覺到：我們都是對的，此刻我願意照顧你。

低自尊的人則會想：我們中只能有一個人是對的，如果我照顧了你，讓你對了，那麼我就是錯的。所以你必須得照顧我，讓我是對的。

高自尊的時候，你也會體驗到：滿足別人是一種美德，成就別人也是一種美德。

他那麼匱乏，他不得不透過打壓、欺負、輕視你來感受到一點存在感，他需要你給他一點點認同，來幫他感受到自己還是有價值的。那麼你就給他一點又何妨呢？人在富裕的時候，是很願意滿足他人的。

你也會體驗到慈悲。慈悲就是我看到了你的匱乏，我願意滿足你、安撫你。於是我們會在靈魂深處有一次相遇。

這也是我喜歡玩OH卡的原因。每次課程裡都會有人問我，怎樣能做到像我一樣好，

我會說，很簡單，以他為中心，跟他在一起。

和他人玩ＯＨ卡，我喜歡以他人為中心，像牧羊人一樣保護著他，跟隨著他，看他的思想和情感安全地流露出來，我會因這樣的生命而感動。

理解一個人，就是以他為中心。因為我本來就是中心了，不需要再反覆確認。此刻我想讓你體驗一下被人當作中心的感覺，這是我能給你的深層次的愛。

這就是謙卑的智慧，就是我肯放低自己，以你為中心，滿足你的自戀。那我們的關係就是和諧的。

因為我從來都不曾覺得自己低，我才敢把自己放低。

我常用反向矯正法來快速幫人修通自己，打開情結。我的方式就是給我的案主們一個咒語。對於那些脆弱、自尊心強、控制欲強的人，我常給的咒語是：**我的存在，就是為你服務的。**

每當與人互動時感到不舒服，就念念這個咒語。你會有各種委屈、不甘、憑什麼，別怕，那就是療癒的過程。讓這種情緒流出來，你會發現，你所有的敏感和自我保護後面，都有著莫大的恐懼：你太害怕別人不重視你了。

而你終究也將發現：從來沒有人不重視你，一切都只是你的恐懼。但真正能給予你足夠重視的，只有你自己。

這麼在乎錢，你一定很窮吧

對金錢有多在意，對應著你對生活失去多少的熱情。

「窮到只剩下錢了。」

以前聽到這句話，我以為這是對有錢人的諷刺，或者是自我調侃。後來學了心理學，慢慢打開了自己的心，愈來愈感覺到這是一句偉大的真理。一個人窮到只剩下錢了，那是真的很窮，比窮得沒有錢了還要可悲。

對金錢過度在乎，犧牲了美好的體驗

我以前挺愛錢的，當然現在也很愛，只是不再是同一種愛了。

大概是物質上的貧窮已經讓我怕了吧，也可能是小時候爸媽對錢特別計較，總提醒我

「省著花」、「別亂花」，前些年我為了省著花錢，也付出了沉重的代價。

後來發生了兩件事，改變了我對錢計較的態度：賺了些錢，和學了些心理學。

我以為人有了錢就會大方、快樂，我以為達到了財務自由的人會不再計較。事實上我也的確會快樂一些，但是這種快樂跟在錢上投入的心思根本不成正比，很不值。朋友對我的評價是：只喜歡賺錢，不喜歡花錢，真是個好男人。但我卻覺得很慘、很悲涼，不明白自己為什麼還是那麼在乎省錢。

後來學了心理學，我發現因為對錢特別在乎，讓我缺少了人生很多美妙的體驗：轟轟烈烈去愛的勇氣。敢於享受的心。敢於敞開自己、袒露自己的真誠。為他人大方爽朗、義不容辭的付出。輕鬆自在的生活節奏等等。

是的。我不敢轟轟烈烈去愛。我很羨慕那種「用了半年的積蓄，只為漂洋過海來看你」的浪漫，我就做不到。那是一種「錢可以再賺，愛不可以再來」的氣魄，而我的感覺卻是：太浪費錢，我輸不起。

我不喜歡買一些華而不實的東西。我不敢去好好享受生活，即使我有錢了，也過著精打細算、省了又省的生活。然後我會用「節約是美德」、「還能湊合著用」來防衛自己內心的匱乏。他們稱我是「經濟適用男」，但我不喜歡。

我也不敢讓朋友好好享受。帶他們去高級餐廳胡吃海喝，說「哪個貴你點哪個」的時候，內心會淌血掙扎。

我也不敢為了朋友毫不保留地付出自己。我會掂量自己的能力，會評估我們的關係，

當我不敢的時候，我只能看著他身處水深火熱中，然後用「每個人都有自己的命運」來防衛自己的內疚。同理，我也不相信別人會為我付出自己。

我也不敢把自己的脆弱、無助交給另外一個人，甚至不敢放開來依賴別人。我很難從內心深處信任別人，那太危險。

我有很多朋友，但我仍覺得孤單。有時我甚至沒有時間感覺到孤單，因為我要忙著過日子，不，更準確地說是忙著生存。可是我從來沒有反思過，這很有問題。

後來我在我的心理師那裡終於發現了：我只是認識很多人，卻沒有一個深交的人，我甚至對戀人都不能交出自己。

我很善良，卻從來沒有勇氣敢為另外一個人犧牲過。我從來沒有放棄過保護自己。我從來都不相信，當我有難，會有人第一時間跳出來幫助我、保護我。

那麼我保護自己的方式，就是握住錢，就是計較。

人與人之間的情感是不安全的，是信不過的，是控制不了的。但是錢可以。錢可以控制在自己手裡，可以保護自己，可以聽自己的話。

握住錢，比握住一段關係，要安全多了。所以錢也比關係重要多了。

於是，我只能在不顯著損失錢的情況下，才敢去愛一點，敢去交出自己一點，敢去沉浸在關係裡一點，才敢有點活著的感覺。

或者說我也有很多感情，也有戀愛的美感、崇高感、敬畏感、對詩和遠方的憧憬，但是我內心始終有條高壓線不能突破：不能太浪費錢。

愛情、美感、快感等一系列的感情或感覺，雖然不是錢能換來的，但的確有時需要一定的金錢付出。好好去愛，就是會出現很多不剛性的開銷。我為了保護錢，就犧牲了部分情感體驗。

情感的流動，還需要流過錢這個關口，被審核才能通過，所以不能暢快地流出來。這讓我很是難受。

於是，我的人生有意無意間只剩下了：這得多少錢？這值不值？

對金錢焦慮，是因為不相信自己和他人

我是多麼不相信這個世界，多麼不相信他人，才會如此地想保護自己，以至於沒有辦法把自己交給另外一個人，不敢去依賴他人，不敢去相信自己一無所有了也還可以被這個世界愛著，不相信有人不會離開自己。

我也不相信自己，不相信自己有「千金散盡還復來」的能力，不相信自己值得擁有美好的情感。

這來自，我早年就沒有建立起穩定的客體關係。爸爸媽媽對我的忽視都很嚴重，我和他們之間也沒有深交，我們只是很客氣，有時候又很不客氣。但我的需求是不被辨識和滿足的。所以潛意識裡會形成：其實誰都靠不住，誰都不能及時回應你的需求。因此長大後，我也不能相信關係的穩定性，就只能跟錢建立穩定的關係了。

嚴重一點的人，跟銀行、現金也不能建立穩定的關係，怕會貶值，於是選擇儲蓄黃金、外匯。

可是一個人活著，本身就應該是富足的。他可以相信自己是被這個世界愛著的——無論有錢沒錢。他可以安心享受陽光雨露，可以安心流淌愛恨情仇，可以肆無忌憚體驗活著的幸福。他有很多豐富的情感，包括愛情、美感、道德感、崇高感、快感……他的生活由很多交往深深淺淺的人組成，有很多豐富有趣的事，他體驗著不同的感覺。他愛錢，但不會用錢去衡量這些情感。

人的貧窮有很多方面。有的人是錢窮，有的人是志窮，有的人是情感窮，有的人是關係窮，有的人是尊嚴窮，有的人是信任窮。窮的意思就是匱乏，就是很少或沒有。當人連這些都沒有的時候，就跟死了差不多。因為他體驗不到人作為個體這一獨特的存在。當人只能看到錢而看不到其他的時候，也跟死了差不多，因為他還是體驗不到作為人的豐富性和情感性。

所以窮得只剩下錢了，真的好悲哀。閹割掉了人的情感、冒險、信任功能，只剩下物質消費和物質存儲功能了。

真正的富有，是相信流動、付出和情感的

如果你對錢非常在意，一定是你對生活失去了感覺。你的在意程度，直接對應著你失

去感覺的程度。

一個敢於享受情感和美的人，在金錢不是很富足的時候，依然可以有非常豐盛的體驗；一個不敢享受的人卻只能透過跟錢產生感情，來體驗到一點點活著的感覺。

真正貴的東西都是與錢無關的，只是有時需要付出錢來獲得。就像人活著，絕不是為了吃飯，雖然人活著必須要吃飯。但是一個人只會吃飯不捨得消耗，就有問題了。當你想著搬次磚多少頓飯就白吃了（每頓飯都花錢啊！）、走十公里消耗的飯值不值，你就沒法全然享受搬磚和走路了。如果你總是在想下頓飯有沒有得吃，這頓飯值不值這些錢，你將失去吃飯的樂趣或者和他人共進晚餐的情調。如果你不吃飯的時候只是忙著囤飯，可能就更有問題了。

「分答」（編註：一付費問答APP）上有人問王思聰（編註：中國前首富萬達集團董座王建林之獨子）：「有什麼是你買不起的嗎？」

王說：「以正常可銷售的東西來定義的話，我的身家是沒有什麼買不起的。但從哲學角度來說，很多東西是不售賣的，比如愛情、尊嚴，這些東西是買不到的。」

這是一個很古老的命題：錢可以買到房子，但買不到家；錢可以買到藥品，但買不到健康；錢可以買到禮物，但買不到愛情。但是家、健康、愛情等，又需要一定的金錢付出。你在多大面積上掛鉤並計算得失，你就會失去相應面積的情感體驗。

一個真正富有的人，應該是相信流動、付出和情感的。一個人可以透過付出錢，得到

崇高感、得到幫助別人的快感、得到去愛一場的體驗，那才是富足的人生。而當你投注過多能量到生存問題上，你就開始喪失生活的美好體驗。

王思聰都知道，雖然有錢，但自己不能貧窮，還要追求尊嚴和愛情的富足。

本質上來說，太過於在乎錢，其實就是你不能跟錢建立安全的關係。

嬰兒如果確認了媽媽是安全的，他就會開始走向世界，體驗世界的精彩。媽媽不需要時刻在他身邊，他只要相信媽媽會在就可以了。這叫安全型依戀。當嬰兒無法確認媽媽一直都在，就需要黏著媽媽，把精力投入到如何更完整地擁有媽媽上，就沒有精力去管這個世界精彩不精彩了。這叫矛盾型依戀。

錢就是我們後來的媽媽，她不一定隨時在，但只要我們相信她會一直在，我們就敢於去體驗這個世界。我們不相信的話，就只能死死抱住錢了。

如何成為一個有趣的人？

能「做自己」的程度，就是一個人有趣的程度。

我們都喜歡跟有趣的人做朋友。他們幽默、好玩、有主見、脾氣好，總是給我們帶來新鮮和舒服的感覺，那感覺就像是炎炎夏日吃了口冰鎮西瓜一樣，多數時候都很爽。

反之，我們不喜歡無趣的人，這些人死氣沉沉、刻板呆滯、枯燥乏味。

於是，我反問自己：我是個有趣的人嗎？

於是，就問住自己了。

我有時候有趣歡樂，有時候無趣乏味。與其說有時候，不如說是在某些場合、面對某些人的時候。比如我參加課程學習的時候，就不太喜歡說話，我一說話就緊張，一緊張就發熱，CPU經常由於性能問題導致任務停止運行，連話都說不清楚。比如在一個陌

生場合裡，我也常常一言不發，我在與人見第一面時，會詞不達意。氣氛經常被我搞得很隆重，隆重到凝重，很尷尬。還有我在正式場合也發揮不出來，我穿上西裝皮鞋，瞬間就成了個不稱職的模特兒——木頭做的。腦子也跟著不會動了。

但另一些時候不是這樣，我跟一個人或一堆人一旦熟悉起來，就會腦洞大開、活潑開朗、創意不斷、博學多識，分分鐘化身段子手，傾情上演《逃離精神病院》。我在我自己的課堂裡也放得開，頭腦靈活、思考敏銳、不斷輸出新思路。不是因為我知道得多，而是我腦子轉得快。

有趣未必是一種能力，更應該是一種在特定領域內的表現。我們在不同的場合面對不同人群的時候，就是會有不同的表現。

所以我相信，每個人都是有趣的人，只是要在合適的情境中、在合適的人面前。

那麼，我們哪些時候會變得有趣呢？

現在我邀請你想像一下，在這樣一個環境，你會有什麼表現：

放得開、安全、放鬆、自由、被無條件接納、被無條件允許；有一群愛你的朋友，你可以輕鬆地做你自己，想說就說、想不說就不說，想哭想鬧想胡鬧，都被允許。

我想你會像是打開了超人力霸王變身器一樣，驍勇善戰，成為有趣的化身，代表月亮給人類帶來快樂和創意。在一個環境裡，你的有趣程度和放鬆程度幾乎是成正比的。

比如在熟悉的朋友面前、在擅長的領域裡，你的有趣值會比較高。我在我的課堂裡有趣、在陌生人聚會裡無趣就是如此。看過咪蒙（編註：一中國網紅）的一個採訪，記得她說她在生活中有些敏感，非常介意別人說她的缺點，但是在文章裡她卻敢大膽調侃自己。因為讀者、文章對她來說，都是非常容易駕馭的對象。

這就很好理解，為什麼你會在一些人面前十分無趣：**你放鬆不下來**。

不能完全放鬆下來，是因為環境不夠安全。而環境是否安全，由兩個因素決定：

1. **你對環境的駕馭能力**。也就是你自身的能力、水準、知識等，這些硬體水準決定了你是否能輕車熟路、靈活自如、信手拈來三百六十度搞笑或嚴肅地表達。
2. **你對環境安全感的感受**。你是否相信環境和他人是願意接納你、允許你犯錯的？當你愈相信自己在環境裡是被允許的，感受到的安全感就愈高，就愈能放鬆下來。

因此，成為有趣的人至少就有這兩個方法：

1. **提升知識和能力，你的熟練程度決定了靈活程度。**
2. **放開自己，允許自己自由發揮，相信自己一直都是被接納的。**

你的放鬆程度，決定了你能做自己的程度。你能做自己的程度，就是你有趣的程度。

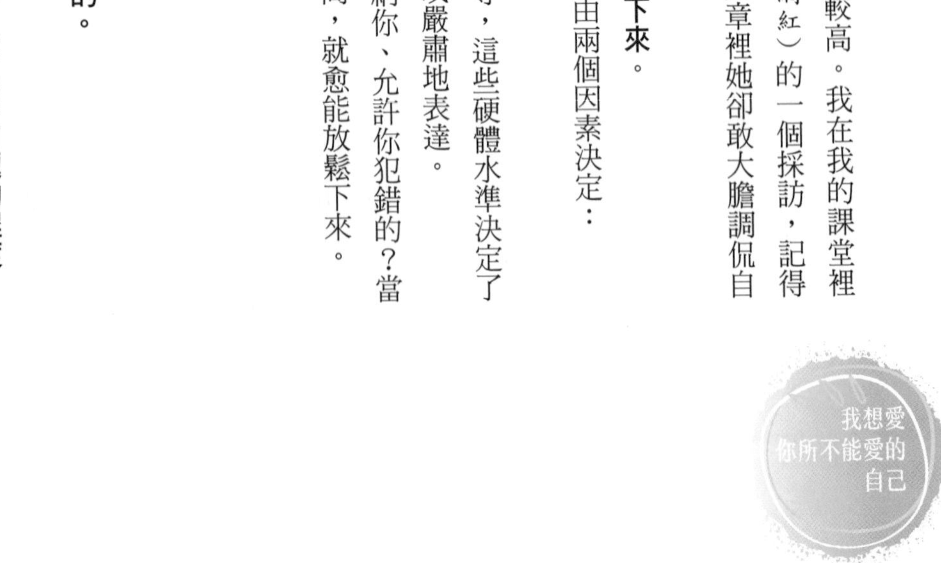

一個能做自己的人，會活在當下，充分調動自己的本能，跟著自己的感覺說話，那本身就是很放鬆的。你可以觀察觀察小孩，小孩就很有趣，因為他不知道什麼對錯，不知道什麼危險；他活在當下，能夠做自己，總是給人很多出其不意。然後我們用「童言無忌」原諒了他。

有趣是個本能。只是我們後天的某些限制，讓人變得無趣了。

這個限制就是範本化。

我們在長大的過程中，開始被規定哪些是對的，哪些是錯的，哪些是該做的，哪些是不該的。我們變得小心翼翼，害怕犯錯。我們內化了很多標準和限制。我們不再知道自己的感覺，我們開始更相信自己學會的規則。我們還沒開始說話，就已經壓抑掉了三分之二以上的自己，所以我們只能呈現一小部分最真實的自己給別人，也就是只將一點點的生命力展示給別人。這看起來就是個無趣的人。

一個小心翼翼、害怕犯錯、不敢冒險、害怕傷害別人的人，是最無趣的。程度愈深，愈無趣。

一個有趣的人，就是敢於綻放自己生命能量的人。一個無趣的人，則是壓抑自己生命能量的人。

所以，第二個變得有趣的辦法，就是放鬆自己，實際上就是：敢於犯錯（說錯話、做錯事），敢於傷害別人。

走不尋常路、說不尋常話，合適的時候叫幽默感，不合適的時候叫不懂事。這對很多人來說，無疑是困難的。但我們換種方式表達就會好點：**放下自戀**。

在某些環境裡，你說錯話、做錯事、傷害到別人，並不像你感受到的那樣具有殺傷力。他人也不像你感受的那樣脆弱，能夠輕易被你傷害到。

你也不需要有一個神一樣的幻想：對自己的要求是不傷害到別人、不說錯話。人活著，傷害和被傷害都是在所難免的事，無論你是不是故意的。你不說話，對人的傷害有時並不會比說錯話小。

當你開始相信自己是個平凡人，無論如何都會傷害到別人、都會說錯話；當你不再要求自己絕對正確；當你開始相信環境和他人的承受能力；當你開始相信其實沒有人太介意你是個什麼樣子的時候——你就開始放鬆下來了。你就能做自己，也就有趣了。

也就是：**當你開始把注意力從討好別人轉移到表達自己，你的生命力就開始綻放了。你最真實的自己、你的存在感也都開始出現**。專業術語叫：敢於表達自己的「攻擊性」和「欲力」（Libido）。

・攻擊性

攻擊性是我們潛意識捍衛自己界線的方式，是一種本能。我們需要不斷攻擊其他客

體，來確保自己的安全。在人類歷史上，在動物發展史上，例子不勝枚舉。也就是我們敢於傷害別人，敢於打壓別人，彰顯自己的力量。不過我們只要使用社會允許的方式表達就可以了，比如說自嘲、調侃。表達方式是很好學的，真正難學的是一個內心深處的「敢」字。

・欲力

欲力決定了我們是否敢於追求自己內心的興趣和熱愛。欲力是佛洛伊德的性能量，也是一種本能。含義是，我們對內心深處有興趣的人、事物、話題，都有參與和得到的欲望。簡單來說，遇到喜歡的妹子敢於去撩，遇到喜歡的話題敢於去聊，遇到有感覺的事敢於去做，內心產生了某個idea敢於去執行，內心生出個段子敢於大膽說出來，就是敢於釋放欲力。

一個擅長撩妹的人就是會比非常尊重妹子的人有趣；一個敢於調侃他人的人，就是比一個無比尊重他人的人有趣。這就是敢於釋放。

我們透過敢於釋放攻擊性和欲力來確認自己的存在。當我們存在了，就是個敢於做自己的人，就是個能放鬆的人，就是個有趣的人。

敢於釋放攻擊性和欲力，來自你曾經被愛的經驗

如果你得到過很多愛、很多允許、很多認可、很多溫暖、很多讚美，你會相信自己、相信環境，且敢於表達。你對自己的認可和環境的評估會愈來愈樂觀。相反地，當你在一個受控制的環境裡，在一個隨時可能被懲罰、拋棄的環境裡長大，就容易小心翼翼、無趣乏味。

因此，一個有趣的人，一定是被深深地愛過、被無條件允許過，這讓他敢於做自己，能夠做自己。

我在陌生人面前無趣，因為小時候每當我和陌生人見面，我的媽媽都總是要我：叫叔叔、叫阿姨、叫舅舅、叫……；不許拿糖，不許亂跑，不許……

我在陌生環境裡，被允許過的很少，所以在第一次見面的環境裡，我會內向緊張。那是潛意識裡對自己表現不好的恐懼。

長大後，如果有人願意帶你體驗那種安全和被接納，體驗得愈多，你就愈有趣。如果你依然是沒人疼、沒人愛，就依然會在人群中深深渴望歸屬、渴望被愛，而不敢彰顯自己的生命能量。

人都是先歸屬，然後彰顯。

相信歸屬，或得到歸屬，就會走向彰顯，走向有趣。

因此，你可以找一個這樣的人去愛你。或者相信自己本來就是被人群所愛、所接納、

所允許的，那和你早年的環境不一樣。

那麼你會愈來愈放得開，愈來愈有趣。

我就在這樣一條路上，雖然還是有些內向呆板，但我能深刻體驗到這些年學心理學以來，自己的變化。我開始活過來，成了不鳴則已、一鳴哎喲喂的人。

有一天，我跟一個初識的朋友在吃飯。他的手機響了，是群組裡有人問：「夢見得絕症死了是怎麼回事？」

有人回覆：「夢裡都是相反的啦。」

我這位朋友想問我這個夢應該怎麼解，然後想一本正經地回覆過去。雖然報夢的人是個他不太喜歡的陌生人。

我說，既然你不喜歡他，就不需要那麼認真。你可以回：「這個夢的意思是，你可以準備後事了，記得在遺囑裡寫上多分我點錢。」

當然，我不是鼓勵你去傷害人，不是鼓勵你犯錯，而是鼓勵你不那麼下意識地怕傷害到別人，怕自己形象沒維護好。

不害怕犯錯的時候，你才有精力做自己，而這才是對他人保護和愛的前提。

如何做真實的自己？

接納自己的所有，允許自己有所有的感受。

我把我的脆弱交給你，因為我願意邀請你走進我。

心理工作者們常常教人：你要試著做真實的自己。這個道理我是同意的，但是經歷了很長時間，我才開始知道如何做，才是做真實的自己。

承認自己的脆弱

要做真實的自己，就是首先要知道**真實的自己是什麼**，然後才能做。也就是，一個人首先是要跟自己有所連結，能觸摸到自己的所有，並承認它。這包括自己的脆弱、堅

強、優點、缺點，以及其他方方面面。

以前我覺得承認這些很容易，後來卻覺得其實並沒那麼簡單，因為總有些人不願意承認自己的脆弱。

我有很多案主都這樣，當他們遇到問題或者困難，第一反應永遠只有兩個：尋找方案，然後解決問題；抱怨或指責他人為什麼沒有做好。

聽起來這是個很樂觀的人，實際上卻不是。

一個樂觀的人，應該是允許自己有哀傷和脆弱，並且不害怕自己脆弱，因為他堅信這一切都會過去，並相信有人會幫助他。而一個要強的人卻不是這樣。他不允許自己有哀傷和脆弱，他只有看到問題，然後解決問題。在他的世界裡，脆弱是沒有用的，裝可憐是無能的表現，所以他不會允許自己有這一面存在。

後來，我跟這樣的人探索到問題深處，都會發現他有大致這樣的邏輯：他們在孩童時期就會有比如父母等重要的人，不停地強化他這樣的觀念——

你要自己來解決問題；我不能幫你，因為我總不能一直幫你吧；沒有人是靠得住的，你只能靠你自己。

這些道理看起來沒什麼問題，但卻被極端化地烙印到了潛意識裡，即：我是不值得被幫助的，我的世界裡只有自己。連爸爸媽媽這樣的人都不會幫我，誰還會真正地幫我呢？

於是，他們學會只依賴自己，強行堅強。

強迫自己堅強，就是一種脆弱

這種脆弱是：我只能透過交換得到別人的幫助，沒有人會願意發自內心地幫我。所以我在我的世界裡是孤單的，只有我一個人。

脆弱對他們來說，是不被允許的，因為那是沒有用的。

也有的人因為這樣的邏輯而不敢讓自己脆弱：一旦我脆弱了，就意味著我比你低了，你就可以欺負我了，或者你就不喜歡我了、拋棄我了。

這樣的人也在重複他早年的創傷：對他來說非常重要的他人會告訴他，你一定要堅強，你如果哭，我就不喜歡你了。所以他就學會了一種價值觀：哭、裝可憐、脆弱是不對的，我不能那樣。我一旦那樣，就不會被人喜歡了。因此我只能選擇堅強和微笑。

而現實中我們卻恰恰發現，一個沒有脆弱的人，人們只會需要他，而很難走進他的心。

也有的人不允許自己有憤怒。在他們看來，憤怒會傷害別人，憤怒是沒有修養的表現，憤怒是不對的、不好的。憤怒會引發衝突，而這是不可接受的。

也有的人不允許自己表達孤單。在他們的世界裡，孤單是不能被接受的，所以他們會拚命尋找各種刺激，參加各種活動來填補這個空缺。

甚至有人不允許自己優秀。他們會認為自己不值得優秀，不願意相信自己也可以優秀。他們覺得只有那個很差、很矬、很爛的人才是自己，而那個優秀的自己，只會被貼上「這不算什麼」、「這只是少數人的看法」、「這只是僥倖」的標籤。

總有些軟弱，讓人們不願接納自己

做真實的自己，就是接納自己的所有，允許自己有所有的感受，而不是拿規條和恐懼限制它。允許自己可以受傷和脆弱，而不是透過假裝沒有來忽視它；允許自己有缺點和不好，而不是去責備和苛求自己。

其次，就是要敢於向他人敞開自己的脆弱。如果你覺得敞開這個詞過於文明，我們可以換一個——暴露。

暴露自己本來就是一件危險的事，同時也會是一件幸福的事。當然，當你先知道並承認自己脆弱的時候，你才有可能選擇敞開和暴露。危險在於，當我們嘗試向他人展示自己脆弱，這種感覺就像是扒開自己的傷給別人看。結果就可能會遭到別人的無視或者嘲笑，甚至遭到別人的利用然後更受傷。但是，你依然需要把你的傷告訴你信任的人，比如說你信任的朋友、伴侶、親人，如此他們才知道如何幫你療傷。

那個就是你真實的自己，你需要讓他們知道，以讓他們能夠走進你。把你的脆弱、擔心、害怕、缺點、軟弱、差勁告訴他們，他們就會對你多一份悲憫、感動、幫助、理解和支持。因為一個從來不會軟弱的人，是不需要別人理解的。

很多時候我們不敢敞開自己，就是害怕受傷。因為有敞開，就可能會有傷害。這個傷害來自於期待：我期待我告訴你的時候，你可以接納我，而不是利用它或忽視我。

這取決於你對人的信任程度有多高。一個健康的人，敢於向自己的家人、親人、好朋友暴露自己的脆弱，因為他們知道對方不會傷害自己，也不會因此而嫌棄自己，並且他們相信對面這個人可以給自己幫助和支持，這就是信任。這種感覺就像是——此刻，我把我交給你。但不是所有人都有這種信任感，早期信任關係建立不良的人，就會對父母有所不信任。若早年的時候父母都不能靠得住，長大後還敢靠誰呢？於是他們對所有人都會保留三分。

對於那些「我若不勇敢，誰替我堅強」、「你若不勇敢，懦弱給誰看」的人，我想他們是缺乏基本的親密關係吧。一個擁有親密戀人和朋友的人，是可以相信對方會接受自己的脆弱，並補充自己的缺失的。前提是，你有信任他人的能力。

保留的結果是保護了自己，同時也孤立了自己。

這正印證了那句：「每個人都有一個死角，自己走不出來，別人也闖不進去。」這個死角有多大，你就有多孤僻；有多小，你就能得到多少溫暖。當你保護自己，沒人走得進來，他們只看得到你優秀、獨立、堅強的一面；他們欣賞你，卻無法走進你。而這個決定權在你——你在你的死角裡，你是否允許自己走出去，或是邀請別人走進來？

不願意敞開自己軟弱的另一個好處，可能就是我們依然需要維護自己的形象，讓別人繼續喜歡自己。有可能別人會嫌棄那個真實的自己。是的，的確有這個風險。但是你要記得，那只是對你的欣賞，不是親密，所以你可以美美地滿足於自戀，卻依然孤單。對於這些人，我會覺得，離開也好，因為本來你就很優秀，不需要這些欣賞。

你需要的，只是向那些真正在意你、喜歡你的朋友、戀人敞開你自己，這些人並不會因為你的不好而離開你，只會因為看到了你的不好而感覺你更加真實。因為他們是想跟你在一起，而不是跟你的「好」在一起。

允許他人走進你心裡

別人走進你心裡的方式，就是觸摸到你的脆弱，然後為之感動，想保護它，並跟你連結在一起。最真實的東西，有時候不得不承認就是最脆弱的東西。像是果核裡面的胚，外在的層層堅強，包裹著一顆脆弱的心。

我們往往說：你若懂我，該有多好。他懂你的感覺是很好，但你是否允許他懂你？你是否願意走出你的死角，讓他看到你的脆弱，然後讓他來懂你？當然，你也可能有更高的期待，期待他能識破你這些偽裝，然後打碎你的抵抗。然而我就不是很懂了：你一面拚命抵抗，又一面期待他來打碎你的偽裝。為什麼要這麼折磨這個想靠近你的人呢？

我會邀請你：**放下你自己，允許你做自己**。所有的脆弱和堅強、優秀和軟弱，都是你的一部分，這些共同組成了一個真實的你。這些都很好。如果你願意將這些分享給自己信任的人，並信任愈來愈多的人，那麼整個世界都會是你的。

你有軟弱，這並不代表你差，也不代表你會受傷。除非你繼續評判自己，告訴自己這是不該的、那是不對的。

比如說我走過的歷程，我曾經那麼自卑，那麼要強，那麼受不了自己差勁，約個女孩子都要假裝自己多麼多麼棒。後來我卻發現，我挺喜歡自己的軟弱的。我喜歡我長這麼醜，喜歡我有無能的時候，喜歡我有做不到的時候，喜歡別人給予我幫助。當我對自己坦然了，我發現喜歡我的人，其實會變得愈來愈多。

當然，你不要走入另外一個極端，心理這個東西，不可一概而論。另一個極端就是，刻意或過度展示自己的脆弱，用習慣性的裝可憐博得同情和愛。不需要把你的脆弱展示

給所有場合裡的人，比如工作關係的人和陌生人等，有時你還是得保護一下自己，以及裝一裝自己是很優秀的。

國家圖書館預行編目資料

我想愛你所不能愛的自己/叢非從著. -- 初版. -- 臺北市 : 寶瓶文化事業股份有限公司, 2021.08
面 ; 公分. -- (Vision ; 212)
ISBN 978-986-406-240-9(平裝)
1.成功法 2.自我肯定
177.2 110006481

Vision 212

我想愛你所不能愛的自己

作者/叢非從

發行人/張寶琴
社長兼總編輯/朱亞君
副總編輯/張純玲
資深編輯/丁慧瑋
編輯/林婕伃
美術主編/林慧雯
校對/林婕伃・陳佩伶・劉素芬
營銷部主任/林歆婕　業務專員/林裕翔　企劃專員/李祉萱
財務主任/歐素琪
出版者/寶瓶文化事業股份有限公司
地址/台北市110信義區基隆路一段180號8樓
電話/(02)27494988　傳真/(02)27495072
郵政劃撥/19446403　寶瓶文化事業股份有限公司
印刷廠/世和印製企業有限公司
總經銷/大和書報圖書股份有限公司　電話/(02)89902588
地址/新北市五股工業區五工五路2號　傳真/(02)22997900
E-mail/aquarius@udngroup.com

法律顧問/理律法律事務所陳長文律師、蔣大中律師
如有破損或裝訂錯誤，請寄回本公司更換
著作完成日期/二〇一七年
初版一刷+日期/二〇二一年八月三日
ISBN/978-986-406-240-9
定價/三八〇元

愛書人卡

感謝您熱心的為我們填寫，
對您的意見，我們會認真的加以參考，
希望寶瓶文化推出的每一本書，都能得到您的肯定與永遠的支持。

系列：Vision 212 書名：我想愛你所不能愛的自己

1. 姓名：________ 性別：□男 □女
2. 生日：____年____月____日
3. 教育程度：□大學以上 □大學 □專科 □高中、高職 □高中職以下
4. 職業：________
5. 聯絡地址：________

   聯絡電話：________ 手機：________
6. E-mail信箱：________

   □同意 □不同意 免費獲得寶瓶文化叢書訊息
7. 購買日期：____ 年 ____ 月 ____日
8. 您得知本書的管道：□報紙／雜誌 □電視／電台 □親友介紹 □逛書店 □網路 □傳單／海報 □廣告 □其他
9. 您在哪裡買到本書：□書店，店名________ □劃撥 □現場活動 □贈書 □網路購書，網站名稱：________ □其他________
10. 對本書的建議：（請填代號 1.滿意 2.尚可 3.再改進，請提供意見）

    內容：________

    封面：________

    編排：________

    其他：________

    綜合意見：________
11. 希望我們未來出版哪一類的書籍：________

讓文字與書寫的聲音大鳴大放

寶瓶文化事業股份有限公司

（請沿此虛線剪下）

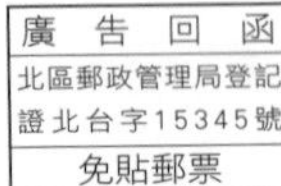

寶瓶文化事業股份有限公司 收

110台北市信義區基隆路一段180號8樓

8F,180 KEELUNG RD.,SEC.1,

TAIPEI.(110)TAIWAN R.O.C.

（請沿虛線對折後寄回，或傳真至02-27495072。謝謝）